现代信息技术专业群建设与研究

聂勋伟　何　利　王兆顺　著

天津出版传媒集团
TJKJ 天津科学技术出版社

图书在版编目(CIP)数据

现代信息技术专业群建设与研究/聂勋伟，何利，王兆顺著. --天津：天津科学技术出版社，2022.7

ISBN 978-7- 5742-0348-8

Ⅰ.①现… Ⅱ.①聂… ②何… ③王… Ⅲ.①重庆市龙门浩职业中学校-电子计算机-学科建设-研究 Ⅳ.①G719.2

中国版本图书馆CIP数据核字(2022)第123211号

现代信息技术专业群建设与研究
XIANDAI XINXI JISHU ZHUANYEQUN JIANSHE YU YANJIU

责任编辑：陈震维
责任印制：赵宇伦

出 版：天津出版传媒集团 / 天津科学技术出版社
地 址：天津市和平区西康路35号
邮 编：300051
电 话：(022)23332369(编辑部)
网 址：www.tjkjcbs.com.cn
发 行：新华书店经销
印 刷：北京时尚印佳彩色印刷有限公司

开本 787×1092 1/16 印张 10.75 字数 270 000
2022年7月第1版第1次印刷
定价：50.00元

前　　言

黄炎培先生认为，职业教育的职能是“谋个性之发展”、“为个人谋生之准备”、“为个人服务社会之准备”、“为国家及世界增进生产力之准备”，可以“帮助个人选择、预备、决定及增进他的职业”，使他们能够做到“敬业乐群”和“裕国利民”，教育与劳动结合。

职业教育事关国家发展力、竞争力和生产力战略大计。党中央、国务院高度重视职业教育发展，出台《国家职业教育改革实施方案》并明确指出，“职业教育与普通教育是两种不同教育类型，具有同等重要地位”，明确了办好新时代职业教育的施工图，职业教育大改革大发展的格局基本形成，进入爬坡过坎、提质培优的历史关键期。当前，中国职业教育发展的核心目标就是要完善中国特色现代职业教育体系，全面推进职业教育现代化。从今天来看，职业教育还是一种面向人人的终身教育、面向市场的就业教育、面向能力的实践教育、面向社会的跨界教育，是教育，是经济，更是民生。

中职教育是现代职业教育体系的基础，是职业教育发展的重点。随着社会产业升级转型的加快，中职教育正由“规模式”走向“内涵式”，专业结构亟待重建。专业群建设能促进教育资源优化整合和共享，发挥优势专业的引领辐射作用，解决专业建设整体效益不高的问题，有利于学校办学特色的形成，提高学校的知名度和美誉度。

专业群可以通过围绕产业链、学科基础和职业岗位群三个途径来构建。构建专业群，不是将专业课程设置进行简单的累加，而是由一个或多个办学实力强、就业率高的重点建设专业作为核心专业，若干个专业基础相通、技术领域相近、职业岗位相关、教学资源共享的相关专业组成的专业集群，专业群的群内各专业具有共同的行业背景和服务领域，具有共同的课程内容和教学条件是其最基本的特征。专业群建设主要包括人才培养体制建设、课程体系建设、实训体系建设、信息化教学资源建设、教学团队建设、校企合作、专业群管理与运行机制建设。群内专业通过竞争与合作，产生集聚、共生、协同与衍生效应，提升整体竞争实力，推动整个专业群健康有序和谐发展。

当前，我国中等职业学校专业群建设还处于摸索状态，还需要在专业群文化、专业整合度、课程资源集中度、师资团队水平提升、教学改革创新、校企融合等重要问题上进行深入探索。这也是本书写作的目的所在。

本书感谢重庆市龙门浩职业中学校现代信息技术专业群建设项目组所有成员的辛

苦付出，具体人员有：钟勤、聂勋伟、刘国纪、刘东霖、曾长春、何利、王兆顺、左恋、袁静、王隽、钟静、江媛媛、房平、段芸芸、江涛、黎霓、刘富文、樊忠良、谭淦露、宋世隆、李飞、代强、何珊、刘虹粼、张湘钰。

目　　录

1　绪论……1
1.1　现代信息技术产业的发展趋势……1
1.2　政策背景……2
1.3　现代信息技术产业人才需求……3
1.4　重庆市现代信息技术产业人才需求现状……3
1.5　中职学校现代信息技术专业建设存在的主要问题……4
1.6　现代信息技术专业群建设改革必要性……5
2　现代信息技术专业群建设顶层设计……7
2.1　确定专业建设思路……7
2.1.1　专业群建设指导思想……7
2.1.2　专业群建设总体思路……7
2.1.3　具体建设思路……8
2.2　现代信息技术专业群建设改革途径……10
2.3　制订专业群建设方案……10
3　专业群建设实施策略……13
3.1　开展行业调研……13
3.2　开展典型工作任务分析……16
3.3　制订人才培养方案……21
3.3.1　制订的原则……21
3.3.2　制订人才培养方案准备……22
3.3.3　确定专业群培养目标与培养规格……23
3.3.4　构建课程体系……25
3.3.5　梳理课程教学目标……28
3.3.6　确定课程内容要求……28
3.3.7　确定教学进程……30
3.4　开发课程资源……32

3.4.1 制订教学资源开发计划与方案 ······32
3.4.2 建设思路 ······33
3.4.3 确定开发内容 ······34
3.5 改革教学模式 ······50
3.5.1 确定教学模式改革方案 ······50
3.5.2 做好“双主体、双情境”实施方案 ······51
3.5.3 对“双主体、双情境”教学模式的推广 ······53
3.6 建立评价体系 ······54
3.6.1 建设背景 ······54
3.6.2 实施原则 ······55
3.6.3 建设目标 ······55
3.6.3 建设思路 ······55
3.6.4 建设步骤 ······56
3.6.5 评价方式 ······57
3.6.6 评价主体 ······57
3.6.7 评价量化样表 ······58
3.7 加强校企合作 ······61
3.8 打造师资队伍 ······62
3.9 完善专业群环境 ······66

4 专业群建设实践成效 ······67

4.1 人才培养成效 ······67
4.2 资源建设成效 ······68
4.3 师资建设成效 ······69
4.4 校企合作成效 ······71
4.5 评价体系建设成效 ······73
4.6 辐射影响成效 ······73

5 专业群建设问题反思 ······75

5.1 专业群人才培养的反思 ······75
5.1.1 人才培养模式建设进程中的缺憾 ······75
5.1.2 后建设阶段的完善与提炼 ······76
5.2 专业群师资队伍建设的反思 ······76
5.2.1 职业化师资队伍进程中的缺憾 ······77
5.2.2 后建设阶段的完善与提炼 ······77
5.3 评价体系改革的反思 ······78
5.3.1 职业化评价体系建设进程中的缺憾 ······78
5.3.2 后建设阶段的完善与提炼 ······78

5.4 校企合作运行的反思 79
5.4.1 校企合作运行中的缺憾 79
5.4.2 后建设中的完善与提炼 80

6 专业群建设工具 81

6.1 专业群行业调研报告 81
6.2 现代信息技术专业群人才培养方案 107

7 《AutoCAD 制图》课程标准 133

7.1 课程性质 133
7.1.1 课程定位 133
7.1.2 设计思路 133
7.2 课程目标 134
7.2.1 知识目标 134
7.2.2 技能目标 134
7.2.3 情感目标 134
7.3 课程内容 134
7.4 教学组织与评价 137
7.4.1 教材编写 137
7.4.2 教学方法 137
7.4.3 教学条件 138
7.4.4 课程资源 138
7.4.5 教学评价 138
7.5 其他 138

8 《CorelDraw》课程标准 139

8.1 课程性质 139
8.1.1 课程定位 139
8.1.2 设计思路 139
8.2 课程目标 140
8.2.1 知识目标 140
8.2.2 技能目标 140
8.2.3 情感目标 140
8.3 课程内容 140
8.4 教学组织与评价 145
8.4.1 教材编写 145
8.4.2 教学方法 145
8.4.3 教学条件 145

8.4.4 课程资源……146
8.4.5 教学评价……146
8.5 其他……146

9 《C 语言程序设计基础》课程标准……147

9.1 课程性质……147
9.1.1 课程定位……147
9.1.2 设计思路……147
9.2 课程目标……148
9.2.1 知识目标……148
9.2.2 技能目标……148
9.2.3 情感目标……148
9.3 课程内容……149
9.4 教学组织与评价……150
9.4.1 教材编写……150
9.4.2 教学方法……150
9.4.3 教学条件……151
9.4.4 课程资源……151
9.4.5 教学评价……151
9.5 其他……152

10 《数据库基础》课程标准——Visual Foxpro 6.0……153

10.1 课程性质……153
10.1.1 课程定位……153
10.1.2 设计思路……153
10.2 课程目标……154
10.2.1 知识目标……154
10.2.2 技能目标……154
10.2.3 素养目标……154
10.3 课程内容……154
10.4 教学组织与评价……155
10.4.1 教材编写……155
10.4.2 教学方法……156
10.4.3 教学条件……156
10.4.4 课程资源……156
10.4.5 教学评价……156
10.5 其他……156

11 《网页设计与制作》课程标准……157
11.1 课程性质……157
11.1.1 课程定位……157
11.1.2 设计思路……157
11.2 课程目标……158
11.2.1 知识目标……158
11.2.2 技能目标……158
11.2.3 情感目标……159
11.3 课程内容……159
11.4 教学组织与评价……160
11.4.1 教材编写……160
11.4.2 教学方法……160
11.4.3 教学条件……160
11.4.4 课程资源……161
11.4.5 教学评价……161
11.5 其他……161

1 绪　论

“培养什么样的人”是所有教育的根本出发点，职业教育的本质就应当是“在专业教育的过程中完成相关职业的职业化基本训练”。2019 年，国务院出台《国家职业教育改革实施方案》指出“职业教育与普通教育是两种不同教育类型，具有同等重要地位。”“没有职业教育现代化就没有教育现代化。”提出了“坚持以习近平新时代中国特色社会主义思想为指导，把职业教育摆在教育改革创新和经济社会发展中更加突出的位置。牢固树立新发展理念，服务建设现代化经济体系和实现更高质量更充分就业需要，对接科技发展趋势和市场需求，完善职业教育和培训体系，着力培养高素质劳动者和技术技能人才”的建设目标”，并要求“到 2022 年，职业院校教学条件基本达标，一大批普通本科高等学校向应用型转变，建设 50 所高水平高等职业学校和 150 个骨干专业（群）。建成覆盖大部分行业领域、具有国际先进水平的中国职业教育标准体系。”

《关于深化产教融合的若干意见》（国办发〔2017〕95 号）提出：要“推动学科专业建设与产业转型升级相适应”，“建立紧密对接产业链、创新链的学科专业体系。”《关于实施中国特色高水平高职学校和专业建设计划的意见》（教职成〔2019〕5 号）提出“打造高水平专业群”。中等职业教育是现代职业教育体系的基础，其教学改革的纵深推进，关系到我国职业教育的整改革与发展进程。《重庆市教育委员会重庆市财政局关于实施高水平中等职业学校建设项目的通知》（渝教职成发〔2018〕8 号）确定 30 所中等职业学校作为高水平中等职业学校项目学校，6 所学校作为培育学校，大力推动 36 个专业高水平专业群建设，集中优质资源，开展专业布结构调整，打造学校品牌。根据行业和区域发展需要，调整专业群办学方向，明确稳定发展的专业群办学定位，实现区域错位发展，形成学校特色。正是基于以上背景，重庆市龙门浩职业中学校结合本校现代信息技术专业群建设探索与实践，对信息技术专业技术性人才的培养进行了深入思考与尝试。

1.1 现代信息技术产业的发展趋势

信息技术产业，又称信息产业，它是运用信息手段和技术，收集、整理、储存、传递信息情报，提供信息服务，并提供相应的信息手段、信息技术等服务的产业。在面向 21 世纪的技术变革中，信息技术的发展方向将是智能化。

当今世界以智能化为特征的新一轮产业革命正在蓬勃兴起，以智能科技为代表的新技术、新产业正在融合型发展、集群化兴起、爆发式增长，发展前景十分广阔。云计算、大数据、人工智能等新一代信息技术将加速渗透经济和社会生活各个领域，软件产业服务化、平台化、融合化趋势更加明显。在全球范围内，智能产业和智能化已成为国际竞争的新焦点，各国加紧出台规划和政策，争夺新一轮国际竞争的主导权。

信息技术已经成为推动全球产业变革的核心力量，并且不断集聚创新资源与要素，与新业务形态、新商业模式互动融合，快速推动农业、工业和服务业的转型升级和变革，信息化发展呈现出四种新趋势：一是信息技术创新日益加快；二是信息技术产业格局进入深度调整期；三是互联网普及进入拐点；四是互联网深度融入社会治理。

1.2 政 策 背 景

根据国家统计局编订的《战略性新兴产业分类目录》，将“新一代信息技术产业”分为电子信息核心基础产业、下一代信息网络、高端软件和信息技术服务三大类。

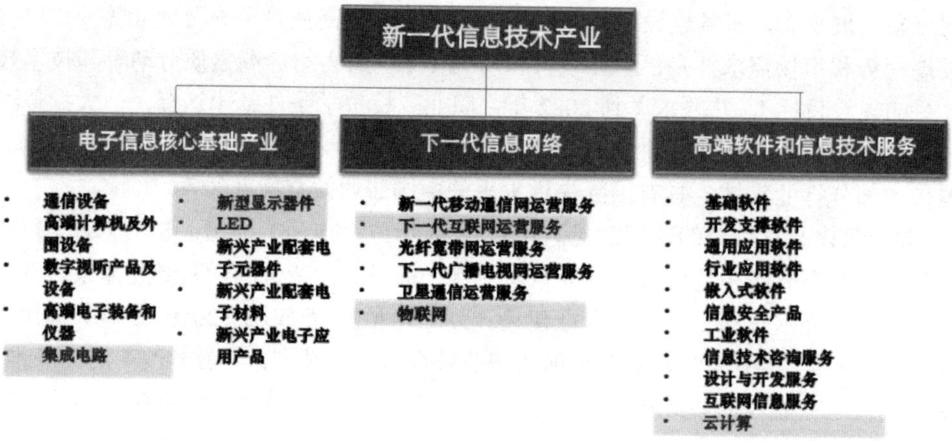

图 1-1

早在 2010 年，《国务院关于加快培育和发展战略性新兴产业的决定》（国发〔2010〕32 号）中便将“新一代信息技术产业”列入七大国家战略性新兴产业体系。2017 年，十九大报告对现代信息技术产业做了历届以来最全面的阐述，特别强调要推动互联网、大数据、人工智能与实体经济的深度融合。2018 年以来，世界经济延续温和复苏态势。我国着力推动传统产业与新经济加速融合，基于互联网、大数据、云计算、物联网、人工智能的服务应用和创新日益活跃。《“十三五”国家战略性新兴产业发展规划》提出，到 2020 年，战略性新兴产业增加值占国内生产总值比重达到 15%，形成新一代信息技术、高端制造、生物、绿色低碳、数字创意等 5 个产值规模 10 万亿元级的新支柱，并在更广领域形成大批跨界融合的新增长点，平均每年带动新增就业 100 万人以上。目前，我国虚拟现实、虚拟仿真产业生态已初步建立，近眼显示、感知交互、网络传输、渲染处理与内容制作等关键技术体系已初步形成。当前，我国 VR 产业处于高速增长的态势中，2020 年行业市场规模达到 300.9 亿元，比 2018 年增长了 2 倍左右。由于目前许多下游应用领域都还没有完全打开市场，预计未来几年仍将处于高速增长时期。

工信部电子信息司副司长吴胜武表示，2020 年 5G 牌照的发放为虚拟现实技术在更广泛领域的应用开辟了新天地，在 2021 年末，我国的虚拟现实市场规模将达 544.5 亿元，年复合增长率达 91.2%。

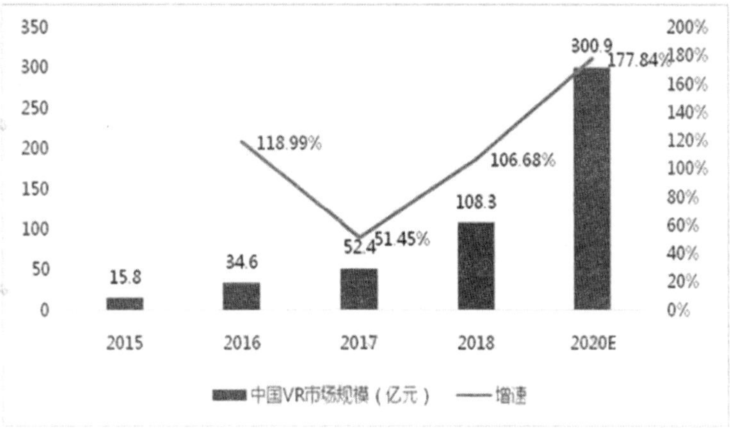

图 1-2 中国 VR 产业市场规模（数据来源于中商产业研究院）

1.3 现代信息技术产业人才需求

2018 年，华为与中国软件行业协会、信息技术工科产学研联盟在京联合发布《中国 ICT 人才生态白皮书》指出，2017 年信息技术产业人才总体需求缺口达 765 万，云计算人才缺口 108 万人，大数据人才缺口 126 万人，人工智能人才缺口 96 万人，物联网人才缺口 102 万人。上述被称为“四大”新兴技术的领域，人才缺口总计达到 432 万人，而到 2020 年，此缺口还将扩大到 904 万人。未来，ICT 人才需求缺口的 70%将集中在云计算、大数据、物联网、人工智能等新兴领域，且呈现出人才需求类型多样化、需求结构多元化的特点。

1.4 重庆市现代信息技术产业人才需求现状

近年来，重庆市信息技术产业快速地发展。2009 年，信息产业销售收入 1006 亿元，2016 年，重庆信息技术产业产值达到 10000 亿元。

重庆作为中国以至全球世界电子信息产业发展的主战场，对 IT 人才需求提出了更高的要求。但是，随着重庆市信息技术产业快速发展，IT 人才队伍存在严重的结构失衡和数量短缺的问题日趋凸显，既缺高级 IT 人才，包括复合型高级管理人才和高级技术人才，更缺技能型、应用型信息技术人才，即“IT 蓝领”。到 2015 年，重庆信息技术产业人才需求为 80 万人。近两年来，大数据、智能化、IT 信息类产业人才需求更有明显增长，经调查显示，仅大数据方向，未来 3～5 年大数据人才缺口达到 150 万之多，大数据、智能化、电子、IT 信息类产业和现代服务业人才需求有明显增长。

企业对现代信息技术产业人才需求具体可以分为以下三种层次，不同层次的现代信息技术产业人才可以适应不同层次的企业的需求。

1）现代信息技术产业实务操作人员。这是现代信息技术产业人才的主体，其主要工作是现代信息技术产业技术在商业中的应用，如网络营销、信息流、物流、资金流的实现。特点是精通现代信息技术产业技术，掌握现代信息技术产业的最新进展，企业对这方面的人才需求占总体需求的56.82%。

2）技术型现代信息技术产业人才。这类人才主要着眼于现代信息技术产业的技术方面，其主要工作是现代信息技术产业的实现，其特点是精通现代信息技术产业技术，掌握现代信息技术产业的最新进展。这类人员应着眼于技术层面，如网络建设、系统管理、程序开发、数据库建立、模块设计等。企业对这方面的人才需求约占总体需求的20.45%。

3）战略管理型现代信息技术产业人才。这是高层次现代信息技术产业人才，其主要工作是现代信息技术产业战略制定、实施管理、业务流程管理、组织结构调整等。特点是通晓现代信息技术产业全局，具有前瞻性思维，熟知至少一个行业或一种模式的现代信息技术产业理论与应用，能够从战略上分析和把握其发展特点和趋势。企业对这方面的人才需求占总体需求的18.18%。

4）供应链管理人才和其他方面人才。这类人才主要从事上下游商品管理，维持和开辟供应渠道，保持供应体系的稳定性，这类人才需求占总体需求的4.55%。

1.5 中职学校现代信息技术专业建设存在的主要问题

1）专业与产业脱节，培养定位不清

中等职业学校的专业建设是为学生就业服务，为企业培养技能性人才，为产业发展提供动力。但是现今的现代信息技术专业难以跟上现代信息技术产业发展速度。

2）人才培养方案死板，职业化要素较弱

现代信息技术产业发展迅猛，相关技术更是日新月异，企业的需求也在不断更新，然而各学校现行的专业教学计划一般修正周期为两年。这就意味着，学生所学知识极可能与社会已脱节两年甚至更长时间，无法达到企业要求。

3）课程体系落后，与企业需求联系薄弱

由于对现代信息技术群认识的不统一，各个学校开设的现代信息技术专业的课程相差甚远。现代信息技术专业课程的设置缺乏统筹规划与企业需求相去甚远。

4）课程改革困难，综合问题较多

第一，对专业相应岗位群的职业技能要求知之甚少，教学缺乏职业特色，难以适应职业岗位群对人才技能培养的要求。

第二，难以找到课程与专业知识和生产实际的结合点对教学内容进行有效整合。

第三，教学观念更新慢、教学模式单一、教学方法需改进以及教学水平和能力的提升问题，都亟待解决。

第四，教学效果的评价模式单一，现代信息技术专业群学生的学业质量评价还需结合专业特点进行改革。

5）师资职业化水平低，专业教学较为薄弱

现代信息技术专业群教师普遍存在实践经验缺乏，专业技能更新较慢，不能完全适应产业发展需求的特点。

6）校企合作不够深入，实训效果欠佳

就现代信息技术专业群建设而言，各个学校普遍较为注重实训基地的建设和校企合作，但是合作形式一半以上只有见习、实习或顶岗实习。在教学过程中的学生专业实训形式包括模拟软件实训、项目实训、网络平台实训等，而 70%的学校只有第一种实训形式，使校企合作流于表面，缺乏实效。

7）专业教学环境缺乏专业特色

当前大多学校的现代信息技术专业教学，仍以机房为主，与公共计算机课程教学环境无异，专业特色薄弱，教学环境单一，未能引入企业环境要素，不能为学生提供现代信息技术专业群特色鲜明的实践环境。

1.6 现代信息技术专业群建设改革必要性

1）适应现代信息技术产业发展的需要

现代信息技术产业规模迅速扩大，发展速度令人瞠目结舌，对现代信息技术人才需求更是与日俱增。这成为促使现代信息技术专业建设需加大改革力度的首要因素。

2）适应专业品牌打造的需要

现代信息技术专业涉及行业广泛，知识结构复杂，也就决定了现代信息技术专业具有复杂的专业特性。要想引领职业教育领域现代信息技术专业建设，打造出具有一定影响力的现代信息技术专业，职业化人才的培养是重要的衡量标准。因此，必须与时俱进，紧跟社会与企业发展，进行现代信息技术专业群建设改革。

3）适应人才培养职业化的需要

中等职业教育的办学目的就是为社会、企业培养技能型人才。随着企业对员工的职业化要求不断提升，决定了学校必须适应企业对员工的职业化要求，并根据这些职业化要求来培养相应的职业化人才。将“职业化”理念引入专业建设，正是适应人才培养职业化的需要。

4）适应师资职业化发展的需要

现代信息技术专业知识结构的复杂性，人才培养的职业化要求，为师资的职业化培养带来一定的挑战性，也提出了师资培养的更高要求。作为教学的直接实施者，师资的职业化水平直接决定了学生的职业化培养水平。因此，专业建设改革也必须重视师资的职业化发展。

5）适应校企合作深度发展的需要

社会发展规律告诉我们，教育必须与经济发展相适应。教育在为经济发展服务的同时，以其自身特点影响经济发展。校企合作就是教育根据企业需求，主动适应并为企业服务的合作，它体现了教育必须适应经济发展，并为经济发展服务的规律。

在职业学校领域，校企合作一直是重点探索的内容，合作办学、订单办学等方式已被广大职校与企业接受，但是，仍未能避免众多中职学子无法适应企业工作环境或未达到企业对人才的要求这些现象。因此，培养职业化人才，加强现代信息技术专业建设，方能使学校面向现代信息技术如此发展迅速且前景广阔的行业，方能有效提升职业化人才培养的质量。

在现代信息技术日新月异的今天，坐井观天无异于坐以待毙。职业学校的办学要想与行业看齐，现代信息技术专业建设改革势在必行。

2　现代信息技术专业群建设顶层设计

从单一的专业建设转向综合性的专业群建设，是现代职业教育背景下的转型标志之一。在校企合作、产教结合的政策背景下，专业建设需要通过人才需求调研，制订“教、学、做”合一人才培养方案，设计职业化课程体系，建立完善专业评价方案，打造职业化专业师资队伍，深化校企合作机制，建设完善丰富而有实效的实习实训基地，完善质量监控体系等一系列的工作。而这些工作的完成，需要统一的规划与设计，因此专业建设是一个系统工程，需要进行顶层设计。

2.1　确定专业建设思路

2.1.1　专业群建设指导思想

2018 年 7 月 19 日，重庆市教育委员会、重庆市财政局《关于实施高水平中等职业学校建设项目的通知》，确定 1～2 个专业群进行重点建设。2018 年 8 月 6 日，教育部职成司副司长谢俐提出，奋力推进新时代职业教育实现高质量发展。谋划中国特色高水平高职学校和专业建设计划，着力建设一批支撑、推动、引领国家重点产业和区域支柱产业的高水平专业（群）。

深入贯彻落实科学发展观，全面贯彻党的教育方针，认真落实《国家中长期教育改革和发展规划纲要（2010—2020 年）》，坚持“以服务为宗旨、以就业为导向、以改革创新为动力”的教产结合、校企一体、工学结合的办学方向，依托重庆市支柱产业和十大战略新兴产业，以服务地方经济建设和发展为己任，以内涵发展为根本，以人才培养质量为生命线，坚持立德树人，深化产教融合，紧密校企合作，按照“强基础、宽口径、重能力、善创新”的要求，走创新、共享、发展之路，紧密结合现代信息技术产业发展实际，培养适应产业转型升级、公共服务发展和区域经济发展需要的一线高素质技术技能人才，打造出国内一流水平的现代信息技术专业群。

在专业建设中，要加强教育思想建设，树立科学发展观，树立全员性、全过程性、全方位性的全面质量意识，树立在教师主导下发挥学生的主体作用、培养学生独立学习能力和创新创业能力的意识，打造就业有保障、创业有方法、发展有基础的职业教育体系，树立终身学习理念。要以专业建设为主线，努力探索人才培养的新途径、新方式、新措施，形成以职业素质和职业行为能力培养为宗旨的现代职业教育思想和教育观念。

2.1.2　专业群建设总体思路

国家政策要求，专业建设必须遵循以服务为宗旨、以就业为导向、产学结合的专业建设思路；以培养高素质的技能型专门人才为目标；主动适应区域经济发展和地区产业发展战略对职业人才的需求，积极进行专业结构调整与优化；以重点特色专业建设为龙头，带动专业群的发展，将职业素养和职业行为能力的培养贯穿于人才培养的全过程，深入开展以提高学生的实践能力、创造能力、就业能力和创业能力为核心的工学结合人才培养模式的改革与创新实践；构建体现工学结合的专业教学课程体系，加快高水平的教学实验、实训条件建设，促进和保障工学结合的人才培养模式与教学模式改革的实施。遵循职业教育规律，立足重庆，面向全国，突出行业特色和企业办学机制体制优势，以服务地区经济社会发展为宗旨，以就业为导向，进一步强化“行业+企业+专业”校企共建专业模式、搭建校企合作工学结合、产学结合的工作平台，认真创新教育教学改革，以培养一线用得上、普遍受欢迎的高素质技能型现代信息技术人才。

2.1.3 具体建设思路

对接现代信息技术产业，以计算机应用和数字媒体技术应用两门优势专业为核心，辐射影响专业群其他专业，以核心专业带动专业群整体发展。以优化学科结构和打造重点专业为核心，以建设高水平师资团队和提高办学水平为重点，依托校企合作联盟，紧紧围绕“七定位”、“六共同”，打造“2121 产、学、研”校企联动人才培养模式，加强资源平台建设与现代化实训基地建设，构建结构合理、特色鲜明、整体水平高的专业群课程体系与评价体系，培养更多高素质、宽能力、社会适应能力强的现代信息技术人才。

1）团队机制建设

建立专业建设核心团队和组织机构，建议从项目管理、行业调研、课程建设、师资队伍打造、校企合作以及资金经费管理等方面组建规划建设小组，分别开展工作，在人员方面可以有所交叉。

制订和完善管理机制以确保建设的顺利进行，同时建立以学校、教育科研机构、行业协会以及高校专家组成的专业建设指导委员会和专业教学指导委员会。

2）开展行业调研

开展对行业、企业、学校、毕业生的调研，了解以下几方面的内容，为专业建设提供依据与支撑。

① 调研行业企业的基本情况，包括性质、规模、主营业务等。

② 现代信息技术产业在全国、本地区的发展趋势、现状以及变化。

③ 现代信息技术产业岗位以及需要能力，包括职业化的专业知识、职业化的专业技能、职业化素养和职业化行为能力。

④ 现代信息技术产业对中职学生专业人才的实际需求，包括适合的岗位、数量、从事的具体工作。

⑤ 从事现代信息技术产业中相应岗位工作对设备、平台以及软件环境的需求。

⑥ 现代信息技术企业的特色企业文化。

⑦ 同类中职学校现代信息技术专业的在校生、师资队伍、校企合作、实训基地等基本情况。

⑧ 现代信息技术专业毕业生现从事的工作情况，包括非现代信息技术产业情况。

⑨ 从事现代信息技术行业的学生的岗位发展情况以及薪金情况。

⑩ 从事现代信息技术行业相应岗位用到的知识、技能以及素养。对在校学习的课程的建议。根据调研汇总形成调研分析数据和调研报告。

3）形成课程体系并制订人才培养方案

① 根据调研报告中确定的中职岗位和能力要求，组织行业专家、专业教师等进行典型工作任务分析，形成典型工作任务分析报告。

② 根据典型工作任务分析报告，整理、合并、归纳形成课程标准以及课程体系。

③ 根据调研报告以及课程体系编写现代信息技术专业人才培养方案。

④ 根据课程体系及职业能力要求制订课程标准。

⑤ 根据课程标准要求开发专业核心课程及资源。

4）评价模式改革

根据课程标准和人才培养方案的具体要求，并结合本专业的特点，制订科学、合理、可操作的评价方案。

5）师资队伍建设

根据岗位能力要求，结合本校现代信息技术专业师资情况制订师资队伍培养方案。

6）实训基地与校企合作

① 根据现代信息技术行业中相应岗位工作对设备、平台以及软件环境的需求，结合本校实际制订校内、外实习基地建设方案。

② 根据调研过程中对现代信息技术的相关企业的了解和访谈，遴选校企合作企业，根据遴选的校企合作企业确定校企合作项目，包括人才培养方案以及课程标准制订、师资培养、课程及资源建设、订单班、校外实训基地等。

③ 根据现代信息技术产业特色打造职业化的专业文化环境。

根据以上专业建设思路，我们对重庆市龙门浩职业中学校现代信息技术专业群进行了分析，确定主要解决人才培养模式、实践教学条件、课程体系改革、师资队伍建设、校企合作长效机制、建立教学质量评价体系等问题。通过分析存在的问题，提出相应的改进措施，具体如下表所示。

重庆市龙门浩职业中学校现代信息技术专业群分析

专业群建设内容	存在问题	改进措施
人才培养模式	校企共同参加人才培养体制尚未建全	建立、健全校企共同参加人才培养体制
实践教学条件	校企资源共享机制有待加强	加强与本地信息技术企业的深度合作，并完善校企合作机制
课程体系改革	以专业群对应产业链核心岗位为主的核心课程体系还需建立并完善	广泛深入开展行业调研，校企共同制订岗位能力标准，创建专业群课程体系，共同开发基于典型工作过程的模块化教程 3 本
师资队伍建设	专任教师实践经验欠缺，师资队伍配比不合理	利用合作单位的企业体验中心，提高专任教师的实作能力，同时，将教师到行业顶岗实践制度化。多渠道聘请行业技术人员担任兼职教师
校企合作长效机制	校企合作纽带不牢固	企业签订具有法律规范的协议，明确规定双方的权利、义务以及违约责任。通过完善的制度规范校企合作行为和学生实习实训行为，促进校企合作稳步、健康发展

续表

专业群建设内容	存在问题	改进措施
建立教学质量评价体系	评价体系重结果轻过程	建立由学校、学生、家长、企业技术专家组成的四方评价小组，提高教学质量评价中社会评价的比例

2.2 现代信息技术专业群建设改革途径

① 根据市场需求，定位人才培养目标。
② 注重实践教学，打造职业化工作环境。
③ 引进企业项目，打造职业教学模式。
④ 调整课程体系，培养核心职业能力。
⑤ 加强师资培养，推动职业化高水平。
⑥ 结合学生学情，开发职业教学资源。
⑦ 构建联动平台，实行师资“双聘双薪”。
⑧ 实行“双线”评价，科学考量“教”与“学”。
⑨ 双抓德育教学，建设职业化校园文化。
⑩ 引入 1+X 技能考核。

2.3 制订专业群建设方案

为确保专业建设的顺利，进行有质量的建设，在建设前需要制订详细的专业建设方案，其内容如下：

1）拟订专业定位与人才培养模式

专业定位是专业建设的基础性内容，它决定了专业人才培养的目标与规格、学校的办学思想和理念。专业定位应充分考虑学校专业建设的总体规划，结合专业群建设，形成专业特色，避免同质化倾向。专业定位还应考虑学校自身的办学条件，包括师资条件、实训条件等，可以适当超出现有条件规划，但不可盲目地攀高，以方便今后的实施。人才培养模式的确定应适应社会经济发展和区域经济发展的实际需要，结合专业办学条件和特色，在符合培养目标要求的前提下，积极探索并形成具有特色、不拘一格的人才培养模式。

2）草拟人才培养方案

人才培养方案是实现专业培养目标、安排教学内容、组织教学活动的总体设计和实施计划，是实施人才培养工作的纲领性文件，反映了学校在人才培养工作上的指导思想和整体思路。在制订专业建设方案时，应从理论教学体系、实践教学体系、双证书教育等多方面考虑人才培养方案，用以指导行业调研的内容、方式，特别是在进行典型工作任务分析形成课程体系时，更应从多方面进行指导。

3）架构课程体系

课程设置参照教育部颁布的中等职业学校各科目教学标准和课程标准的相关规范，

在保证专业基本规格的前提下，遵循职业教育和科学发展的规律，根据培养目标，将教育过程、学科和跨学科教育过程有机地组合起来，形成完整的体系。根据培养目标、要求以及人才培养模式的特点，建设一批体现时代发展特点、反映专业特色、适合于培养学生各种能力的重点课程、精品课程或特色课程。精品课程建设成果突出，能充分共享各级精品课程的优质教学资源。注重新学科、新科技知识的教学，优选必修课程，增加选修课程，扩大学生独立思考和创新的空间；专业课程使用近 3 年出版的新教材的比例达到 50%以上。

4）拟订教材及课程资源建设计划加大教材资助力度，以选用国家规划教材、精品教材为主；有计划、有组织地编写适合学科专业实际的高水平教材；积极开展课程资源建设，建设应用现代信息技术的立体化教材；完善教材的评估评优机制。

5）建设师资队伍

制订方案，建设一支职称结构、学历结构、学缘结构、年龄结构相对合理的师资队伍。60%以上的专业主干课程主讲教师，一般应具有中高级以上职称。要让专业师资队伍的学历、职称结构等达到合理的比例，师资队伍建设应更加关注提升队伍的整体能力。

6）草拟教学设施与实践、实训基地建设计划

（1）教学基础条件

根据学校现有的教学设施以及仪器设备情况，结合专业建设的经费情况，拟订保障专业开展需求的教学设备、专业实训平台和实训室建设计划，原则是够用、实用，不过于攀高。对于要求高、学校无力建设的实训平台和设备可考虑在企业中建设校外实训基地。

（2）教学方法与手段

重视教学方法的改革。把培养学生接受新知识的能力、分析问题和解决问题的能力以及创新能力作为改进教学方法的出发点和归宿，大力推进启发式、讨论式、交互式、实践式、自学式等教学方法改革，课堂教学逐渐从传递性教学向探索性教学转变，实验教学逐渐由验证性实验向创新性实验转变。重视教学手段的更新。积极推广、普及现代化教育技术，重视教育资源的开发利用，增强教学效果。专业必修课程应用信息技术授课的课时不低于 50%，并有一定数量的自行研制、开发的多媒体课件，教学效果较好。

（3）实践教学

建设方案中实践教学的内容应考虑和体系符合培养目标要求，体现人才培养模式的特点。具有良好的实验条件和固定的实习实践基地。实验开出率达到 100%，有综合性、设计性实验的课程占有实验的课程总数的比例达到 80%以上，实验设备完好率达到95%以上。建设 2 个以上固定的实习基地并能满足教学要求。

7）制订教学管理制度

（1）管理制度

深化教学管理改革，完善现代教学管理制度和运行机制。加强理论研究和调查研究，建立科学有效的专业评估机制，制订相应管理制度和文件，实施对专业建设状况的过程评估。加强教学管理队伍建设和工作作风建设，提高业务素质和管理能力。

（2）加强教风学风建设

特别要加强考风、考纪和学习环节的严格管理，形成良好的教育教学规范。注意通过

优化学术氛围，改革教学内容，改进教学方式，改善学习条件，密切师生关系，加强学业指导，开展教研合作，适应内需发展，提高学业成就，更新评价方法，提高学生的学习信心和兴趣，调动学生的自觉性、主动性和积极性，形成有利于营造优良学风的激励机制。

（3）教学质量控制

完善教学质量保证与监控体系，积极开展各种方式的教学评价和检查，并能根据反馈信息及时进行适度的调控和整改。坚持开展毕业生质量跟踪调查，并有统计分析资料和相应的改进措施。

8）提出专业特色与创新点

专业特色与创新点可以从人才培养模式、课程体系建设、课程及资源建设、校企合作等方面进行思考，具体要求可以根据专业建设特点与本校的实际情况相结合进行提炼，考虑的重点应当集中在成果突出、重点课题研究、学生培养、师资发展、校企合作特色等方面，还可以考虑校级以上重点学科，注重学科专业的综合性与宽泛性等。同时积累丰富的经验，使专业建设具有明显的特色与优势。

专业建设方案可以借鉴以下模板进行书写。

××××学校

×××××专业群建设方案（模板）

一、专业群建设指导思想、建设目标

（一）指导思想

（二）建设目标

二、专业群建设实施方案

（一）专业群培养目标

（二）专业群人才培养模式定位

（三）教学模式改革

（四）构建具有专业群特色的课程体系

（五）形成人才培养方案框架

（六）改革评价模式

三、师资队伍建设

（一）基础与现状

（二）师资队伍建设规划

四、教材及资源建设

（一）建设目标

（二）建设规划与思路

（三）成果形式

五、实训基地建设

（一）学校现有实训室基本情况

（二）建设规划与思路

（三）建设目标与定位

（四）建立校外实践教学基地的思考

六、产教结合、校企合作

（一）现状分析

（二）建设思路与规划

（三）建设方式与目标

七、专业群建设成果及亮点

3　专业群建设实施策略

专业群建设的关键仍在于实施与实效。专业群建设的实施是专业发展的基点，应明确核心任务，遵循职业教育的规律与相关原则，做到有条不紊，科学规划，有效实施，专业群建设实施策略可以从以下几个方面进行思考。

3.1　开展行业调研

调研是专业群建设具体实践的第一步，也是关键的一步。专业群建设调研首先应做好目标定位，它不仅包括对企业的行业调研（当然，行业是必不可少的调研对象），但是也不能忽视对同类学校、教师、学生，甚至家长的调研。

要得到真正具有指导价值的市场调研，需要对国家政策背景、宏观经济、专业相关市场经济发展状况、专业群发展具有清晰和准确的认识。据此形成的调研报告才能对以后的专业建设实施起到指导性作用。

调研主要分为四大部分，分别为调研计划、实施、整理资料、形成调研报告。调研报告是整个调研过程的重要成果提炼，但是仍需以调研过程中的资料加以佐证，因此，调研资料如调研表、访谈记录、调研照片、调研总结等的规范收集是十分必要的。

1）制作调研计划书

调研计划是了解专业群市场需求和专业群定位的前提。成功的行业调研，很大程度上取决于调研计划的精准度与敏锐的市场洞察力。

① 认清自身。认清自身条件、调研原因、调研目的等要素，准确定位专业群建设愿景。

② 把握专业宏观环境。综合国内外专业群市场经济发展现状、国家政策导向、专业的未来发展趋势等进行概括。

③ 明晰行业发展情况。细分专业领域，分析与专业群建设匹配的行业成长空间和技能要求，分析地域环境行业特点。

调研计划书模板

一、调研背景
二、调研目的
三、调研内容
四、目标被访者定义
五、调查方法与抽样设计
六、样本量
七、访员安排
八、数据录入与处理
九、研究时间安排（自项目确定之日算起）
十、费用预算

2）进行调研准备

（1）调研问卷的编制

① 把握问卷核心主题。

② 围绕问卷核心主题，筛选并确定调研所要解决的关键性问题。

③ 问卷能明确表达调研目的。

（2）调研对象的遴选要求

① 注意调研对象群体的范围选择。

② 注意调研对象个体的代表性。

（3）调研问题的梳理

① 厘清本次调研主要涉及哪些研究问题。

② 选择合适角度入手。

③ 分清主要问题与次要问题。

④ 注意问题的宽度与深度。

⑤ 把握问题的数量。

⑥ 适当设置开放性问题。

3）开展需求调研

① 注意区域代表性选择。

② 调研过程中注意佐证材料的收集。

③ 整合调研数据，进行科学分析。

4）撰写专业群调研报告

调研报告是整个调研的核心成果，同时也是制订人才培养方案的重要依据。

一般来说，专业群调研报告从提出问题、分析问题到解决问题，一般由题目、前言、正文、总结及附录五部分组成。正文作为报告的主体，主要包括调研背景、调研目的、调研方式、行业需求调研状况结论与分析、专业群对应岗位群人才需求分析、专业建设状况分析、专业存在的问题、专业改革思路及措施等内容构成。

（1）题目

用一句话点题，反映专业群调研报告的主要研究问题。可加副标题，副标题是对主标题的补充，用来说明在什么范围内基于什么问题的调研。

（2）前言

专业群调研报告前言必须开宗明义地交代清楚调研目的、意义、任务和方法。

首先，简要说明调研的问题，调研此问题的缘由和背景，调研的筹备过程，主要调研的内容，国内外对同一课题的研究概况以及此次调研的意义和价值。其次，要说明调研的基本情况：概述调研的时间、地点、对象、范围、取样及调研的方式方法。最后，对此次调研的有利因素和不利因素作简单分析。

（3）正文

专业群调研报告的正文部分即调研内容，通过叙述、调研图表、统计数字及有关文献资料，用纲目、项或篇、章、节的形式把主体内容有条理而准确地揭示出来。

专业群调研报告的正文部分写法多种多样，一般有两种不同的写法：一种是把教育调研的基本情况按种类分成并列的几个部分或方面来写，如对一个地区教育状况的调研可分为该地区经济发展水平、文化水平、学校教育发展现状等方面；学校教育又可分为学校规模、教育经费、课程设置、教学设备、师资队伍等不同项目，将有关的材料分别加以组合，使问题的论述相对集中，形成专题；另一种是将专业群调研报告的调研基本情况按照事物发展的逻辑顺序加以排列，分成互相衔接的几个部分，层层深入地来写。也就是说，按专业群调研报告所调研的教育现象产生、发展、变化的过程来写。还有的是在专业群调研报告中一一列举调研的问题，以反映具体情况。

在以上专业群调研报告的观点和材料处理上，可以先列出材料，然后进行分析和推论；也可以先摆明观点，然后用调研得来的事实材料加以分析说明。

（4）专业群调研报告的结论和建议

在对专业群调研报告的整个调研内容进行总体的定性、定量分析的基础上，概括出事物的内在联系和规律，并提出新的见解、新的理论和参考意见。无论是验证已有的理论，还是为寻求新理论、为实用目的而寻找解决问题的办法，向实际工作部门提供参考意见、改革方案，其结论都必须客观、真实。专业群调研报告提出的观点、建议要谨慎、严肃，观点要从事实中引出，同时要考虑其他社会因素的影响，要全面衡量理论或建议的合理性和可行性，不要轻率地下结论和提建议。

（5）专业群调研报告的附录

必要时要把调研工具或部分原始材料附在专业群调研报告后面。这不仅是使专业群调研报告的正文内容集中，更重要的是为读者提供可供分析的原始资料，以便让人分析鉴定搜集调研材料的方法是否科学、材料是否可靠，并供其他的研究人员参考。专业群调研报告的附录包括各种调研表格、原始数据、研究记录等。附录的编制要防止杂乱和过于简单。

调研报告框架范例：

××××专业群

行业调研报告

一、调研背景
二、调研目的
三、调研方式
（一）调研时间
（二）调研对象
（三）调研方法
（四）调研内容
四、××××行业需求调研状况结论与分析
（一）行业发展现状
（二）行业发展趋势
（三）从业人员现状分析
（四）行业发展对××××专业人才需求的分析
五、××××专业群对应岗位群人才需求分析
（一）××××方向
（二）××××方向

续表

六、××××专业建设状况分析
（一）××××专业现状
（二）重庆市××××专业现状
（三）我校××××专业现状
七、××××专业存在的问题
（一）××××专业发展中的问题
（二）我校××××专业发展中的问题
八、××××专业改革思路及措施
（一）改革人才培养模式
（二）构建××××课程体系
（三）创新教学模式
（四）建设教学资源库
（五）师资队伍培养
（六）实训基地建设
（七）改革校企合作模式
（八）创新教学评估模式

附件：

附件一：参考文献
附件二：图引表引
附件三：××××专业行业调研问卷及分析报告
附件四：××××专业行业调研表及走访记录
附件五：××××专业行业调研照片

3.2 开展典型工作任务分析

1）典型工作任务及其特点

典型工作任务是指描述一项具体的、完整的专门工作，包括计划、实施和评估整个行动过程，反映了职业工作的典型内容和形式。典型工作任务具有促进职业能力发展的潜力，在反映该任务在整个职业中的意义、功能和作用的同时，也构成现代职业教育中的一个学习领域。每个职业通常有10～20个典型工作任务。

① 具有结构完整的工作过程（计划、实施以及工作成果的检查评价）。

② 在整个企业工作（或经营）大环境和人的职业生涯发展中有重要功能和意义。

③ 完成任务的方式和结果有较大的开放性。

④ 典型工作任务来源于企业实践，它对人的职业成长起着关键作用，但不一定完全是实际生产中经常出现的具体工作任务、环节或步骤。例如，计算机应用专业的“网络故障诊断”、广播影视节目制作专业的“剧本创作”等可以确定为典型工作任务，而“更换键盘”是计算机维护时最常见的工作任务，但不是计算机修理工职业的典型工作任务。

综上所述，“典型工作任务”就是贯穿全课程的实际工作实例，这种实例通常既是实际工作中具有代表性的，又能涵盖基本的知识点。例如，以下课程基本体现了“典型工作任务”：

① 多媒体制作技术："典型工作任务"为多媒体演示光盘的制作。

② 图形图像处理：专辟"下达任务"栏目，标明"项目任务"为：假如你是一名设计师，现有产品需要制作广告项目，请你进行设计。

③ 网络营销：学生分组成立模拟公司，以模拟公司的名义开展规定项目的网上营销活动。

2）进行典型工作任务分析

典型工作任务是通过工作分析得出的，其过程包括以下四步：

（1）组织实践专家访谈会

即通过参与式研讨会，请实践专家（以广播影视节目制作专业为例，如文案策划人员、现场拍摄人员、后期剪辑人员、店面负责人等）共同回忆和陈述自己的职业成长历程、划分职业发展阶段，找出各阶段具有代表性和挑战性的工作任务，并归纳出典型工作任务的框架。

准确描述典型工作任务的第一步是召开实践专家访谈会。其基本流程是：

① 挑选会议代表。实践专家访谈会由专门的课程开发主持人主持，主要参加者为实践专家和少量教师。其中，选择实践专家（不超过 16 位）的标准是：

他们当前的工作任务与被分析的职业相符。

有 5 年以上的本职业的工作经验。

从事工作与所接受的职业教育专业对口，并且参加过专业进修。

工作岗位属于技术先进之列，工作组织灵活。

工作任务是综合性、整体化的，有一定的自主性、决策权和独立性，任务范围有较大的设计（建构）空间。

会议代表之间不会相互影响（没有上下级关系）。

② 举行实践专家访谈会，其具体过程如下：

会议开始。主持人介绍访谈会的背景、目的、方法和指导思想。

明确基本概念。主持人解释概念——"职业发展阶段"。

职业发展阶段是指实践专家在其职业发展历程中从事过的并对其个人发展产生重要影响的工作岗位、部门和其他具体的企业工作范围。这些工作岗位都是具有代表性的，能反映各阶段的工作（或经营）过程。基本思想是，职业发展阶段越高，个人获得的经验越多。

个人职业历程简述。与会实践专家叙述从接受职业教育到成为实践专家的发展过程，将这一过程划分为若干阶段（最多 5 个）。

找出具有代表性的工作任务。用头脑风暴法，为每一阶段举出 3～4 个实际从事过的、有代表性的工作任务实例。这些任务一般都是有挑战性的，而且能够帮助个人提高工作能力。

任务归类并命名。在主持人的主持下，与会代表将类似的工作任务归在一起，全面检查这些归类的合理性，对不合理的进行更正。必要时，还可添加一些只有个别人从事过，但是对本职业有普遍意义的工作任务；或所有组员都未从事过，但有代表性或不久以后肯定需要完成的工作任务。

明确基本概念。主持人解释概念——“职业的典型工作任务”。

确定典型工作任务。大家讨论，在已确定的有代表性的工作任务的基础上，共同确定典型工作任务。典型工作任务不针对任何具体的企业或个人。

表述典型工作任务的基本内容。建立 3～4 人的小组，由实践专家从专业角度分析描述上面所确定的典型工作任务的基本内容，由组内的教师进行记录。

典型工作任务排序。由实践专家对典型工作任务进行排序。

结束。主持人就整个访谈会过程和内容听取会议代表反馈意见，总结访谈会成果，展望分析成果的实际价值。

（2）典型工作任务分析的准备工作

详细的典型工作任务描述，应通过实地观察等系统化的分析手段得出，这里，首先应做好分析过程的准备工作，其具体步骤为：

① 组成工作分析小组。小组一般由 3～4 人组成，包括实践专家、职业学校教师和企业培训人员，他们共同的背景是具有相同的职业（或专业）。

② 明确小组任务，包括实地观察记录、制作照片或草图、收集整理和评价专业资料。

③ 选择工作岗位。由小组中的企业专家选择被分析的企业工作岗位，该岗位的基本要求：针对已经确定的典型工作任务，不针对特定的生产任务（如批量生产一种产品），具有相对完整的工作过程。被分析的工作任务可能存在于不同的岗位，因此分析应在能体现该工作任务的多个岗位上进行。分析涉及的行业、生产模式和企业规模的差别越大，其结果的代表性就越广泛，在此基础上开发课程的普遍意义也越大。

（3）典型工作任务分析与表述

由教师和实践专家组成工作小组，共同确定和描述典型工作任务的详细内容，包括“工作与经营过程”“工作对象”“工具”“工作方法”“劳动组织”和“对工作的要求”等，具体表示与描述见下表。

典型工作任务分析样表

典型工作任务名称	动宾结构描述	适用岗位及环境	被分析的岗位在哪里？工作环境（温度、照明、通风、灰尘等）如何？有哪些具体工作？
典型工作任务目标描述	熟悉什么？能正确理解什么？能做成什么？能协同他人或部门完成什么？		
工作过程及方法	该任务的工作过程如何？生成何种产品或提供哪些服务？怎样获得原材料？怎样获得合同？顾客是谁？产品或服务如何得到再加工？如何完成该工作任务？		
对象（产品）	工具或手段	劳动组织	要求
工作任务的内容（如制图、咨询服务、制订计划等）是什么？在过程中的角色如何？	完成该任务需要用到哪些工具（如计算机、软件、机床及其他）？如何运用这些工具？	工作量如何安排（独立工作、团队工作、部门）？哪些级别对工作有影响？其他职业或部门有哪些合作及界限？	完成任务必须满足企业、顾客、社会的哪些要求？同时需要注意哪些法律法规及质量标准？

对典型工作任务进行分析，并将其结果表述为一般化的职业要求。分析可采用观察、访谈（包括行动导向的访谈）、问卷、工作日写实等方法，可利用拍照、收集图纸和程序文件等补充手段。

在此，置身于工作过程中的实际观察非常重要。当仅靠观察不能判断工作内容的意义和作用时，还可通过访谈加以补充。如果工作分析是由不同的人分头进行的，他们应对观察的情况进行汇总和平衡。

（4）分析结果记录和评价

要想在课程开发中有效利用分析结果，必须对典型工作任务分析的结果进行系统化的记录和整理，这一过程由分析小组全体成员参加，内容包括：

① 根据分析引导问题按照每个分析范畴（如工具或工作要求等），由全体小组成员叙述每个人的分析结论和认识。

② 汇总记录。

③ 确认检查吸纳了所有意见，完成详细记录。

3）形成典型工作任务分析报告

① 确定适合中职学校学生的工作岗位。

② 确定适合中职学校学生工作岗位的能力要求。

③ 根据能力培养要求确定课程体系。

专业定位与典型工作任务分析案例：以大数据技术应用专业为例，具体流程如下：

（1）分析工作领域。

（2）分析工作任务。

（3）分析职业技能。

（4）分析职业素养。

示例：大数据技术应用专业典型工作任务分析表

工作领域	典型工作任务	职业技能
1. 数据准备	1.1 数据源确定	1.1.1 能够熟练使用搜索引擎检索数据 1.1.2 能够在指导下选用合适的数据源 1.1.3 能够在指导下明确正确的数据规格
	1.2 环境准备	1.2.1 能够熟练安装所需的数据软件 1.2.2 能够独立配置正确的参数设置
	1.3 数据读取	1.3.1 能够独立明确正确的数据路径 1.3.2 能够独立建立正确数据连接 1.3.3 能够熟练使用数据软件读取数据
	1.4 数据筛选	1.4.1 能够根据需求熟练的选择数据 1.4.2 能够根据需求独立屏蔽数据噪音
2. 数据处理	2.1 环境搭建	2.1.1 能够熟练安装所需的数据处理软件 2.1.2 能够独立配置正确的参数设置
	2.2 数据空值处理	2.2.1 能够根据需求去除空值 2.2.2 能够根据需求填充空值
	2.3 数据异常处理	2.3.1 能够根据需求去除异常值 2.3.2 能够根据需求修订异常值
	2.4 数据重复处理	2.4.1 能够根据需求去除重复值 2.4.2 能够根据需求保留重复值
	2.5 数据转换	2.5.1 能够转换数据单位 2.5.2 能够转换数据数值

续表

工作领域	典型工作任务	职业技能
2. 数据处理	2.5 数据转换	2.5.3 能够转换数据格式 2.5.4 能够转置数据
	2.6 数据整合	2.6.1 能够拼接数据 2.6.2 能够连接数据 2.6.3 能够聚合数据
3. 数据存储	3.1 环境搭建	3.1.1 能够安装所需的数据存储软件 3.1.2 能够独立配置正确的参数设置
	3.2 数据文件存储	3.2.1 能够选择正确的数据文件格式 3.2.2 能够选择合适的数据存储为数据文件
	3.3 数据库存储	3.3.1 能够选择正确的数据库、数据表 3.3.2 能够选择合适的数据存储为数据表
	3.4 大数据平台存储	3.4.1 能够选择正确的数据存储形式 3.4.2 能够选择合适的数据存储到大数据平台
4. 数据分析	4.1 需求分析	4.1.1 能够确定分析目标 4.1.2 能够理解分析背景 4.1.3 能够识读分析方案 4.1.4 能够根据分析方案制定工作计划
	4.2 业务理解	4.2.1 能够运用分析思维理解业务 4.2.2 能够根据业务情况制定核心业务指标 4.2.3 能够根据业务情况分解核心业务指标 4.2.4 能够根据业务情况使用思维导图软件呈现业务理解
	4.3 环境搭建	4.3.1 能够安装所需的数据分析软件 4.3.2 能够独立配置正确的参数设置
	4.4 工具选择	4.4.1 能够根据成本选择合适的分析工具 4.4.2 能够根据任务复杂性选择合适的分析工具
	4.5 任务实施	4.5.1 能够根据工作计划选用合适的分析流程及方法 4.5.2 能够根据工作计划安排工作时间 4.5.3 能够根据工作计划完成工作任务
5. 数据呈现	5.1 环境搭建	5.1.1 能够安装所需的数据呈现软件 5.1.2 能够独立配置正确的参数设置
	5.2 工具选择	5.2.1 能够根据需求选择合适的汇报工具 5.2.2 能够根据任务复杂性选择合适的汇报工具
	5.3 数据图表选择	5.3.1 能够根据需求选择直方图、折线图、饼图等常规数据图表 5.3.2 能够根据需求选择热力图、地图、箱图等高级数据图表 5.3.3 能够导出数据图表
	5.4 数据仪表盘构建	5.4.1 能够创建仪表盘 5.4.2 能够设置仪表盘大小和布局 5.4.3 能够根据不同的终端设备适配不同的仪表盘 5.4.4 能够导出仪表盘
	5.5 数据故事准备	5.5.1 能够创建数据故事 5.5.2 能够在指导下理清数据故事的脉络关系 5.5.3 能够清晰讲述数据故事
	5.6 数据报告	5.6.1 能够通过数据报告展示数据结果 5.6.2 能够通过数据报告验证分析质量 5.6.3 能够通过数据报告提出相应的业务建议

示例：大数据技术应用专业职业素养分析结果

素养类别	素养内容
1. 职业道德	1.1 具有良好的职业道德，能自觉遵守国家、行业法规、规范和企业规章制度 1.2 能保守客户和公司产品开发的相关秘密，未经允许不拷贝公司和客户的资料 1.3 具有大数据获取及分析领域的相关信息安全、知识产权保护和质量规范意识，不得泄露个人敏感信息
2. 合作意识	2.1 具有良好的人际交往、团队协作能力和客户服务意识 2.2 具有积极协助同事完成数据分析任务的意识 2.3 能够按照承诺完成和完善自己的工作任务
3. 质量意识	3.1 能够及时准确获取数据源 3.2 能对数据进行深度加工，达到客户的需求 3.3 能准确有效地形成数据报告
4. 服务意识	4.1 能够将顾客的利益放在首位 4.2 能积极与客户和主管沟通数据处理中出现的问题 4.3 能及时收集产品信息，给客户提供准确的数据报告 4.4 能及时为客户提供技术支持，全力配合客户的要求
5. 学习意识	5.1 能够经常向公司内部员工、行业精英学习新知识 5.2 能积极与客户沟通交流，增强对大数据行业的深度学习 5.3 能够通过网络、书刊及时更新知识，学习相关的专业知识和技能

3.3 制订人才培养方案

人才培养方案是实现人才培养目标的前提与基础，是学校培养专门人才的总体设计，是学校组织教学、实施教学管理、实现专业培养目标的重要依据，是对教学质量进行监控和评价的基础文件，决定着专业教学内容的方向和总体结构。教学单位制订专业人才培养方案要根据教育部《关于制定中等职业学校教学计划的原则意见》，结合学校中职专业办学过程中积累的经验来制订，旨在进一步深化中等职业教育教学改革，提高人才培养质量。其制订过程必须依据一定的原则和流程。

3.3.1 制订的原则

① 坚持以就业为导向；坚持德育为先，立德树人；坚持工学结合、校企合作、顶岗实习的人才培养模式；坚持统一性与灵活性相结合。

② 结合地方及行业经济发展的实际和学校实际情况，在充分调查研究和论证专业职业岗位需求的基础上，吸纳有关行业、企业专家和用人单位的意见，进行专业岗位典型工作任务分析和教学分析后，根据专业的人才培养目标，制订设置人才培养方案，确保人才培养质量。

③ 充分考虑中职学生生源特点，建议专业课早介入，即在第一学期开设一门专业课或专业基础课。改变传统教学方式，坚持“做中学、做中教”，充分利用学校现有教学资源，使学生“动”起来。

④ 教学内容突出“是什么”，少讲或不讲“为什么”。

3.3.2 制订人才培养方案准备

1）人才需求调研

人才培养方案的制订要有依据，要经过人才社会需求调研与预测分析，以及社会经济发展对人才要求的调研，由此定位专业人才培养目标。在制订现代信息技术专业群人才培养方案之前，我们首先确定调研范围，包括国内知名的现代信息技术公司、现代信息技术专业群毕业生的能力和岗位，中职现代信息技术专业群的开办情况，如学校、规模、师资及课程设置等，并有针对性地制作调研问卷，将问卷调查与访谈相结合，广泛收集原始数据。

例：现代信息技术专业群职业面向

所属专业大类（代码）	所属专业（代码）	主要职业类别 （代码）
信息技术（09）	计算机应用（090100）	计算机硬件工程技术人员（2-02-10-02） 计算机软件工程技术人员（2-02-10-03） 信息管理工程技术人员（2-02-30-08） 打字员（3-01-02-05） 速录师（3-01-02-06） 网络与信息安全管理员（4-04-04-02） 计算机程序设计员（4-04-05-01） 计算机软件测试员（4-04-05-02） 计算机维修工（4-12-02-01） 办公设备维修工（4-12-02-02） 计算机及外部设备装配调试员（6-25-03-00）
信息技术（09）	数字媒体技术应用（090200）	剪辑师（2-09-03006） 视觉传达设计人员（2-09-06-01） 数字媒体艺术专业人员（2-09-06-07） 音像电子出版物编辑（2-10-02-04） 商业摄影师（4-13-02-01） 影视置景制作员（4-13-02-01） 电视摄像员（4-13-02-09）
信息技术（09）	移动应用技术服务（新增）	计算机软件工程技术人员（2-02-10-03） 计算机程序设计员（4-04-05-01） 计算机软件测试员（4-04-05-02） 其他信息传输、软件和信息技术服务人员（4-04-99）
信息技术（09）	网络信息安全（新增）	信息安全工程技术人员（2-02-10-07） 信息系统运行维护工程技术人员（2-02-10-08） 网络与信息安全管理员（4-04-04-02） 信息通信信息化系统管理员（4-04-04-03）
文化艺术类（14）	广播影视节目制作（140200）	影视置景制作员（4-13-02-01） 动画制作员（4-13-02-02） 照明工（4-13-02-07） 电视摄像员（4-13-02-09） 剪辑师（2-09-03-06）

续表

所属专业大类（代码）	所属专业（代码）	主要职业类别（代码）
体育与健身类（15）	电子运动竞技运动与管理（新增）	文化、娱乐、体育经纪代理人员（4-13-05）
信息技术（09）	大数据技术与应用（610215）	信息系统运行维护工程技术员 数据分析处理工程技术员 信息管理工程技术员
信息技术（09）	虚拟现实技术应用（610216）	项目交互功能开发 模型及动画制作

确定专业群专业构架。根据国家“十三五”规划中对产业发展的要求，认真贯彻重庆政府工作报告中“实施以大数据智能化为引领的创新驱动发展战略行动计划”，结合调研结果、我校现有专业工作领域和岗位的相关性以及公共基本课程相同的特点，打造以计算机应用及数字媒体技术应用专业为双核心专业的现代信息技术专业群（图 3-1），引领辐射电子竞技运动与管理、虚拟现实应用技术、网络信息安全等专业，拓展新专业 5 个。

图 3-1

2）人才需求分析

A. 分析国家现代信息技术产业人才需求现状

B. 分析区域现代信息技术产业人才需求现状

C. 分析现代信息技术企业对从业人才需求类型，如：

（1）现代信息技术产业实务操作人员。

（2）技术型现代信息技术产业人才。

（3）战略管理型现代信息技术产业人才。

（4）供应链管理人才和其他方面人才。

3.3.3 确定专业群培养目标与培养规格

培养目标定位要准确。中职要与普通高等本科及高等职业教育相区别，明确职业价值取向和职业特征。一方面使学生具备就业岗位（群）的技术能力（技能）与职业素质；另一方面使学生具备职业发展与迁移所必需的某一专业技术领域的知识、能力与素质结构，尽可能在人文素质、思维方法及终身学习能力等方面打下一定的基础。如果目标定位不准确，整个培养方案就会出现原则性的错误。

根据岗位能力标准确定专业人才培养目标。通过前期的行业调研和岗位能力分析，我们将中职现代信息技术专业总体培养目标确定为：坚持立德树人和职业化人才培养目标，面向信息技术产业岗位群，培养能从事以下工作的德智体美劳全面发展的高素质技能人才。

具体培训目标为：

大数据技术应用专业：能在计算机与互联网企业中从事系统集成或售后服务、数据处理与分析、信息系统的建设、管理、运行、维护，适应新形势下新兴的“互联网+”行业的工作。

电子竞技运动与管理专业：面向各大电竞公司、门户网站与直播平台，致力于电竞选手、专业的编导，导播，赛事运营，数据分析，俱乐部运营等管理、专业的电竞项目解说，主持人，主播，短视频作者，经纪人，裁判等赛事活动工作。

广播影视节目制作专业：面向影视行业企业，在各级、各类电视台及其他影视制作单位从事各类影视节目采写、拍摄、编辑、制作及相关工作。

计算机应用专业：面向计算机技术的应用领域，从事计算机及相关设备的使用、维护、管理，以及相关领域的软件与硬件操作、办公应用和信息处理等操作或产品销售工作。

数字媒体技术应用专业：从事小区、工业园区等建筑商业动画制作、影视合成处理、三维广告装饰设计、游戏场景制作、影视片头包装、多媒体制作等行业方面的设计制作技术工作。

网络信息安全专业：面向各大电竞公司、门户网站与直播平台，致力于电竞选手、专业的编导，导播，赛事运营，数据分析，俱乐部运营等管理人员、专业的电竞项目解说，主持人，主播，短视频作者，经纪人，裁判等赛事工作。

虚拟现实技术专业：面向中小企事业单位，从事系统安全维护、基础网络安全维护、数据安全维护、应用安全维护等领域的工作，也能在 IT 企业从事网络安全产品营销和技术服务工作。

移动互联技术专业：能够胜任智能系统中移动应用系统的设计、移动互联网平台的系统集成与部署、移动信息系统的维护和管理等工作。

总体培养规格确定为本专业毕业生应在素质、知识和能力等方面达到如下要求：

1. 专业群素质要求

（1）坚决拥护中国共产党的领导，树立中国特色社会主义共同理想，践行社会主义核心价值观，具有深厚的爱国情感和中华民族自豪感。

（2）具有良好的职业道德，能自觉遵守行业法规、规范和企业规章制度。

（3）具有良好的人际交往、团队协作能力和客户服务意识。

（4）具有追求卓越的创造精神和精益求精的优秀品质。

（5）具有计算机应用相关的信息安全、知识产权保护和质量规范意识。

（6）具有主动获取前沿技术信息、学习新知识的能力和意识。

2. 专业群基础能力要求

（1）专业能力

（2）文字表达能力

（3）人际交往能力

（4）终身学习能力

专业群职业能力要求根据具体专业方向确定。如大数据技术应用专业职业能力要求：

（1）对大数据基础架构和平台有深刻的理解。

（2）具有基本的编程思想、掌握程序设计基础知识及编程规范。

（3）理解面向对象的思想、熟练掌握 Java 语言编程的知识。

（4）掌握 SQL Server 等大中型数据库应用及管理知识。

（5）逻辑思维能力强，具备较强的文档编写和良好的沟通表达能力。

3.3.4 构建课程体系

1）根据专业群人才培养方案确定课程内容

以调研企业获得的调研问卷中加工整理的数据为基础设计课程标准，通过调研了解到现代信息技术行业岗位能力标准，遵循中等职业院校学生的认知规律，紧密结合职业资格证书中相关技能考核要求，确定现代信息技术专业的课程。

为落实立德树人根本任务，把思想政治工作贯穿教育教学全过程，需深入发掘各类课程的思想政治理论教育资源。形成以思政课程为核心，综合素养课程为骨干，专业课程思政为支撑的大思政教育体系，实现全员育人、全程育人、全方位育人。通过构建“公共基础平台+专业群基础平台+专业方向模块”的模块化课程体系，实行“大专业进、小专业出”个性化人才培养，课程内容与 X 证书融通。

（1）公共基础平台设置

公共基础课程包括根据学生全面发展需要设置的思想政治、语文、历史、数学、英语、信息技术、体育与健康、艺术必修课，还包括根据学生职业发展设置的中华优秀传统文化、劳动教育、职业素养等限定选修课程，以及根据地方及学校特色和学生多样化需求开设的任意选修课程。

（2）专业群基础平台设置

根据专业群各个典型工作任务共有的基本职业能力归并到一起，组合成专业基础课程平台。将以知识学习为主的职业能力（或者共有的知识点）归并到一起，构建基础理实一体化课程，包括：计算机网络基础、办公软件应用、图形图像处理。

（3）专业方向模块课程

序号	模块名称	课程
1	操作基础	计算机基础、常用工具软件应用、计算机组装与维护
2	计算机硬件	办公设备使用与维护、数码产品使用与维护
3	操作系统	操作系统管理（Linux）、操作系统管理（windows）
4	平面设计	矢量图形设计（CorelDRAW）、UI 设计、建筑 CAD 识图与处理
5	1+X 证书	JavaScript+jQuery、HTML5+CSS（Web 页面制作基础、JavaScript 程序设计、HTML5 开发基础与应用、轻量级前端框架）
6	系统安全	数据备份与恢复、计算机病毒防护 Windows 系统安全防护技术、Linux 系统安全防护技术
7	程序设计	程序设计（Java）、程序设计（Python） 程序设计（C#）、计算机编程基础（C 语言）

续表

序号	模块名称	课程
8	大数据基础	大数据可视化、大数据基础及应用 分布式存储技术应用
9	数据库	数据库应用基础（VFP）、MySQL 数据库基础
10	网络技术	网络配置与管理、网络攻防技术、网络信息安全概论
11	美术基础	色彩、素描
12	多媒体技术	多媒体制作（PPT） 数字媒体技术基础
13	影视基础	摄影摄像、影视鉴赏 影视包装、非线性编辑
14	三维制作	三维动画制作、3D 草图（SketchUP） 三维建筑表现
15	营销基础	信息化管理与运作、市场营销 电子商务实务
16	虚拟现实技术	虚拟化管理技术应用 VR 应用设计与开发 引擎技术基础（Unity） VR 编辑器应用开发
17	电竞运营管理	电子竞技概论、电子竞技赛事运营与管理 电竞赛事策划与执行
18	电竞媒体制作	电子竞技网络直播、电子竞技解说 电子竞技节目制作
19	电竞选手训练	MOBA 类游戏训练 FPS 类游戏训练
20	游戏开发基础	游戏引擎技术基础（Unity）
21	网页设计	网页设计与制作
22	办公文秘	文书与档案管理

（4）专业拓展模块课程

序号	模块名称	课程
1	大数据分析处理	大数据处理技术应用、数据结构与算法 Python 数据分析
2	建筑学	建筑学基础、风景建筑学、 市政建筑学
3	影视技术拓展	影视编辑、影片调色 影视理论、全景拍摄
4	数字媒体	数字影音编辑与合成 数字媒体技术基础
5	网页设计	网页设计与制作
6	软件测试与服务	软件测试、软件技术服务

2）根据能力要求确定课程标准

我们以现代信息技术行业岗位能力标准为目标，以学生职业化能力和职业化技能形成为重点而确定的课程设置和教学内容标准，依托行业专家指导委员会，组织学校一线教师制订了各门课程目标，充分体现职业性和岗位性的要求，以能力分析为基础设计课程，以能力培养为中心组织教学，以能力形成为目标引导学生学习，以企业认可的能力指标体系评价学习成果。突出能力就是要突出对学生综合能力和实践操作技能的培养，根据技术领域和职业岗位（群）任职要求，参照相关职业资格标准确定教学内容，将课程教学内容项目化，着眼于探索建立工学结合、任务驱动、项目导向、顶岗实习等有利于增强学生能力的有效教学模式。“以学生为本”，突出学生的主体地位，以学生已有的知识和能力为依据，以学生现有的经验为起点，以学生的生活经验为基础，满足学生的兴趣与需求。

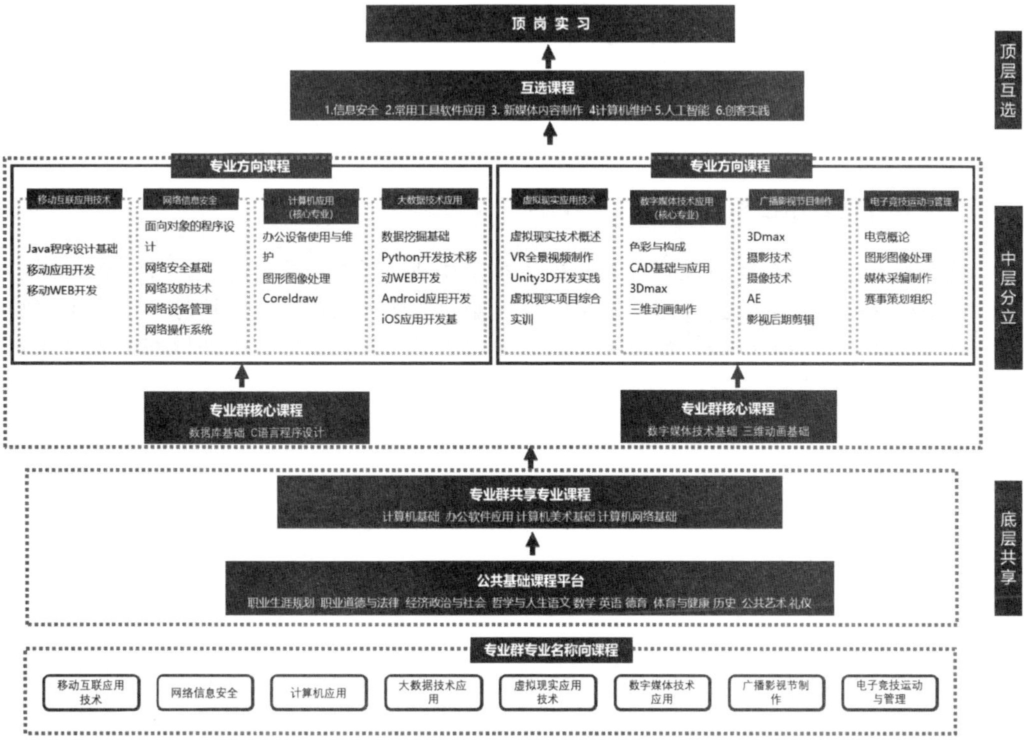

图 3-2 课程体系示意图

3）根据课程之间的关联确定课程

现代信息技术专业课程共分为公共基础课、专业技能课、综合实训课和顶岗实习，课程之间存在严格的逻辑关系。公共基础课旨在培养学生的通识能力及文化素养，同时也是专业技能课的基础。专业技能课以培养学生的专业技能为目标，综合实训课则是对专业技能的巩固和延伸，同时为行业实践奠定基础。各类课程之间的逻辑关系如图 3-3 所示。

现代信息技术专业群课程结构

<table>
<tr><td>专业</td><td>大数据基础及应用专业</td><td>移动互联技术应用专业</td><td>计算机应用专业</td><td>网络信息安全专业</td><td>广播影视节目制作专业</td><td>数字媒体技术应用专业</td><td>电子竞技运动与管理专业</td><td>虚拟现实技术专业</td><td rowspan="3">升学方向</td></tr>
<tr><td>专业实习模块</td><td colspan="8">校内专业实训及综合实训、校外认知实习、跟岗实习</td></tr>
<tr><td>拓展模块课程</td><td colspan="8">模块 1 大数据　模块 2 建筑学　模块 3 影视技术拓展　模块 4 数字媒体　模块 5 网页设计　模块 6 软件测试与服务</td></tr>
<tr><td rowspan="7">专业方向模块课程</td><td>模块 1 操作基础</td><td>模块 1 操作基础</td><td>模块 1 操作基础</td><td></td><td></td><td></td><td></td><td></td><td></td></tr>
<tr><td>模块 3 操作系统</td><td>模块 2 计算机硬件</td><td>模块 2 计算机硬件</td><td></td><td></td><td></td><td>模块 1 操作基础</td><td></td><td></td></tr>
<tr><td>模块 5 1+X 证书</td><td>模块 4 图形处理</td><td>模块 9 数据库</td><td>模块 1 操作基础</td><td></td><td>模块 1 操作基础</td><td>模块 2 计算机硬件</td><td>模块 7 程序设计</td><td></td></tr>
<tr><td>模块 7 程序设计</td><td>模块 5 1+X 证书</td><td>模块 12 多媒体技术</td><td>模块 3 操作系统</td><td>模块 1 操作基础</td><td>模块 4 图形处理</td><td>模块 17 电竞运营管理</td><td>模块 11 美术基础</td><td></td></tr>
<tr><td>模块 8 大数据</td><td>模块 7 程序设计</td><td>模块 15 营销</td><td>模块 6 系统安全</td><td>模块 12 多媒体技术</td><td>模块 11 美术基础</td><td>模块 18 电竞媒体制作</td><td>模块 12 多媒体技术</td><td></td></tr>
<tr><td>模块 9 数据库</td><td>模块 9 数据库</td><td>模块 21 网页设计</td><td>模块 7 程序设计</td><td>模块 13 影视基础</td><td>模块 12 多媒体技术</td><td>模块 19 电竞选手训练</td><td>模块 14 三维制作</td><td>模块 7 程序设计</td></tr>
<tr><td>模块 10 网络技术</td><td>模块 12 多媒体技术</td><td>模块 22 办公文秘</td><td>模块 10 网络技术</td><td>模块 14 三维制作</td><td>模块 14 三维制作</td><td>模块 20 游戏开发基础</td><td>模块 16 虚拟现实技术</td><td>模块 9 数据库</td></tr>
<tr><td rowspan="2">共享平台课</td><td colspan="9">专业群平台课：计算机网络基础　办公软件应用　图形图像处理</td></tr>
<tr><td colspan="9">公共基础课：思想政治　语文　历史　数学　英语　信息技术　体育与健康　公共艺术</td></tr>
</table>

图 3-3

3.3.5 梳理课程教学目标

职业化人才的培养要通过完善的课程体系来完成。培养行业青睐的人才要根据岗位能力标准制订科学合理的课程体系，梳理每门课程的培养目标。我们培养的毕业生要胜任现代信息技术企业的岗位，需要具备相应的知识、技能和态度。中职毕业生不仅要有娴熟的专业技能，还要有可持续发展和继续学习的能力。中职教育既是职业化人才培养的过程，又是学历教育的过程。因此在中职阶段，文化素养课程和专业技能课同样重要，不能有所偏废。

通过现代信息技术专业群的岗位能力标准，我们确定以下职业素养课程：职业生涯规划、职业道德与法律、经济政治与社会、哲学与人生、语文、数学、英语、计算机应用基础、体育与健康、公共艺术等。

3.3.6 确定课程内容要求

根据专业群人才培养目标，确定每门课程的目标要求，然后由课程目标来确定每部分的内容要求。针对现代信息技术专业，我们确定了职业化素养课程，即公共基础课的主要教学内容和要求。在教学实施中，可以根据教学内容和要求选用不同的教材，以实现人才培养目标。

1）公共基础课

公共基础课是中等职业学校现代信息技术专业课程的重要组成部分，旨在培养学生的知识素养、通识能力、继续学习能力等，旨在进一步提高学生的文化水平，学习专业基础课和专业核心课打下良好的基础，满足提高学生综合素质的要求。本专业群课程主要教学内容和要求应贯彻思想政治教育和“三全育人”改革等要求，把立德树人融入思想道德教育、文化知识教育、技术技能培养、社会实践教育等各个环节。示例如下：

主要公共基础课教学内容、要求及参考学时

序号	课程名称	主要教学内容和要求	参考学时
1	职业生涯规划	依据《中等职业学校职业生涯规划课程标准》开设，并与专业实际和行业发展密切结合	32
2	职业道德与法律	依据《中等职业学校职业道德与法律课程标准》开设，并与专业实际和行业发展密切结合	32
3	经济政治与社会	依据《中等职业学校经济政治与社会课程标准》开设，并与专业实际和行业发展密切结合	32
4	哲学与人生	依据《中等职业学校哲学与人生课程标准》开设，并与专业实际和行业发展密切结合	32
5	语文	依据《中等职业学校语文课程标准》开设，并与专业实际和行业发展密切结合	216
6	数学	依据《中等职业学校数学课程标准》开设，并与专业实际和行业发展密切结合	144
7	英语	依据《中等职业学校英语课程标准》开设，并与专业实际和行业发展密切结合	180
8	商务沟通	依据《中等职业学校计算机应用基础课程标准》开设，并与专业实际和行业发展密切结合	108
9	体育与健康	依据《中等职业学校体育与健康课程标准》开设，并与专业实际和行业发展密切结合	180
10	公共艺术	依据《中等职业学校公共艺术课程标准》开设，并与专业实际和行业发展密切结合	36
11	现代礼仪	依据《中等职业学校礼仪课程标准》开设，并与专业实际和行业发展密切结合	36

2）专业技能课（以计算机应用专业为例）

根据现代信息技术岗位能力分析，他们都需要一些共同的专业技能，需要现代信息技术知识、技能等核心能力，不同的岗位还需要一些特别的技能，其主要课程教学内容、要求和参考学时见下表。

✧ 专业（技能）方向课

A. 办公事务处理

序号	课程名称	主要教学内容和要求	参考学时
1	录入技术	能按照正确的键盘指法完成录入任务；难熟练使用一种中文（简体）拼音输入法；能设置输入法属性；掌握特殊符号的输入方法；能正确听取客户要求，同步完成记录；文字录入速度达到60字/分钟	144
2	Office办公软件应用	培养学生应用Word、Excel对常用公文、文稿、表格和数据进行处理以及PowerPoint的使用。能根据提供的文稿样板，在规定的时间内，正确地规划、设计、排版并输出；能熟练地应用PowerPoint对企业文化及产品资料进行展示	144
3	办公软件使用强化	巩固Office办公软件的使用，能灵活处理各类版面以及制作自荐书。提高文字录入速度；掌握常用公文版面排版的基本规则；设计出合格的毕业生推荐书	72

B. 平面设计

序号	课程名称	主要教学内容和要求	参考学时
1	计算机美术基础	明确美术基础在计算机应用中的重要性，能应用构成设计的基本原理、方法和各种构成要素进行平面、色彩和三维设计。主要内容：平面构成、色彩构成和立体构成，学习构成的分类，点、线、面、体的空间和色彩变化，熟练掌握三大构成设计中的基本要求、构成的形式和方法等	108
2	图形图像处理	培养学生应用常用软件对图片进行制作、美化、变换处理的能力。能熟练操作 Photoshop 绘图软件；能熟练地用 Photoshop 进行图形编辑和处理	72
3	CorelDraw 应用基础	熟练操作 CorelDraw 软件，会应用该软件对图片进行制作、美化、变换处理，具备设计商标、标志、包装、广告牌、海报及制作名片等的基本能力。能熟练使用 CorelDraw 绘图软件；能熟练地用 CorelDraw 进行矢量图形绘制及编排设计	108

C. 计算机设备维护和营销

序号	课程名称	主要教学内容和要求	参考学时
1	计算机组装与维护	通过对本课程的学习，学生能组装和升级计算机；能根据别人的要求选择合理的计算机组件并组装。能处理计算机常见故障，对常见的计算机组件如：键盘、驱动器等进行维修；对不能维修的组件，如各种板卡应能诊断故障	72
2	计算机网络基础	培养学生运用局域网和互联网进行智能化办公的能力。能运用网络进行信息的查询；会组建、安装、配置、管理局域网；能使用 Internet 平台进行收发邮件，实时交谈等信息传递	108

- ✧ 专业选修课
- ✧ 数据库应用
- ✧ 网络常用软件
- ✧ 多媒体制作
- ✧ 其他
- ✧ 顶岗实习

顶岗实习是本专业学生职业技能和职业岗位工作能力培养的重要实践教学环节，要认真落实教育部、财政部关于《中等职业学校学生实习管理办法》的有关要求，保证学生顶岗实习总量的前提下，可根据实际需要，通过校企合作，实行工学交替、多学期、分阶段安排学生实习。要加强顶岗实习过程管理，切实保障学生的安全与权益，构建校企共同指导、共同管理、合作育人的顶岗实习工作机制。

3.3.7 确定教学进程

教学进程是对专业群技术技能人才培养、教育教学实施进程的总体安排，是专业群人才培养方案实施的具体体现。以大数据技术应用专业为例：

课程类别		课程名称	学分	学时	学期					
					1	2	3	4	5	6
公共基础课	公共必修课	职业生涯规划	2	36	2					
		职业道德与法律	2	36		2				
		毛泽东思想	2	36			2			
		哲学与人生	2	36				2		
		语文	1	198	4	3	2	2		
		数学	6	108	2	2	2			
		英语	6	108	2	2	2			
		信息技术	8	144	4	4				
		体育与健康	8	144	2	2	2	2		
		公共艺术	2	36	2					
		历史	4	72	2	2				
		小计	53	954	20	17	10	6	0	0
	公共选修课	中华优秀传统文化	公共选修课利用课外活动时间开设							
		职业素养								
		物理								
		地理								
		化学								
专业技能课	专业核心课	计算机基础	4	72	4					
		办公软件应用	4	72	4					
		图形图像处理	4	72	2	2				
		计算机网络基础	6	108		6				
		MySQL 数据库基础	9	162		5	4			
		大数据基础及应用	4	72				4		
		操作系统管理（Linux）	4	72			4			
		程序设计（JAVA）	4	72				4		
		程序设计（Python）	6	108					6	
		小计	45	81	10	13	8	8	6	0
	专业方向课	HTML5+CSS	8	144			4	4		
		JavaScript+jQuery	8	144				4	4	
		大数据可视化	4	72					4	
		小计	20	360	0	0	4	8	8	
	专业拓展课	大数据处理技术应用	8	144			4	4		
		数据结构与算法	8	144				4	4	
		Python 数据分析	4	72					4	
		小计	20	360	0	0	4	8	8	0
	综合实训		12	216			4		8	
	顶岗实习		30	540						30
合计			180	3240	30	30	30	30	30	30

3.4 开发课程资源

课程资源是教学中必不可少的内容，能使学生的认识领域大为扩展，吸纳知识的途径由单一变为多元，许多问题超出了课堂教学、教材、教学参考书的范围。课程资源的开发扩宽了知识传播的途径、渠道，使科学知识和人文知识交融，对教师提出了新的挑战，从而不断推动自己的专业成长。

3.4.1 制订教学资源开发计划与方案

1）建设计划

在完成现代信息技术专业群人才培养方案和课程标准的基础上，以信息化教学助推课程资源建设，依托富媒体以及 VR 技术，支撑专业教学资源的开发和完善，开发建设《数字媒体基础》《图形图像处理》《三维动画制作》《影视后期制作案例教程》《电子竞技概论》《电子竞技解说》《网络技术攻防》等 7 门课程资源，以平台整合、资源集成、课程使用与管理为重点，完善优质信息化教学云平台。

在建设过程中，以现代信息技术产业的人才培养为目标，引入前沿技术，导入行业标准和企业先进技术标准，吸收企业典型案例，校企合作开发线上线下课程资源。针对数字媒体技术应用专业的核心课程，突出模块化和动态组合的特征，系统进行专业群课程资源开发与建设，开发相关课程资源，同时开发建设 7 门富媒体数字教材和纸质教材（二维码连接数字教学资源）。

教育信息化是推动教育现代化的重要抓手，所带来的教育改革为实现线上线下教学的课程开发、微课、知识元（颗粒化资源）、实训指导书（工作任务单）、试题库等内涵资源建设，创造了充分必要条件。与此同时，课程建设及其数字化学习资源建设要着眼于有效的应用，要与本校的教育信息化的整体规划相结合，使项目的建设完成既满足在校学历教育和继续教育，又满足社会培训的要求。因此，课程资源的开发建设要充分考虑到资源平台、使用场景、终端呈现等相关信息技术的要求。课程本身不是孤立的，它是职业教育信息化系统的一部分，需要与学校的专业学习平台建设紧密结合。

随着互联网技术、云存储技术、移动通信技术和数字媒体技术的快速发展，不但影响着我们的生活方式，同时也大大提高了资源共享的能力，这些都让学习方式和教育模式随之而改变，对整个教育、教学都将产生深远的影响。完成课程资源的建设，有利于推动完成数字媒体技术专业学习资源系统、移动学习服务云平台、富媒体数字教材阅读系统，实现线上线下学习，满足在移动互联环境下的教学和培训活动。它是一个基于互联网移动通信的知识产品，能实现跨时空的、真正地随时、随地学习。项目建设分为 3 个阶段：第一阶段为资源库的集中建设；第二阶段为资源库的应用推广；第三阶段为资源库的持续更新。

（1）第一阶段——资源库的集中建设

前期进行资源库集中建设，完成现代信息技术专业群教学资源库的框架构建；完成专业类教学资源、课程类教学资源和素材类教学资源的开发制作；完成职业资格认证、职业技能大赛、校企合作服务和就业信息服务 4 个拓展服务功能模块的搭建；完成资源库网络平台建设。

（2）第二阶段——资源库的应用推广

在资源库的集中建设完成后，立即开展资源库的应用推广。应用推广从两个角度展开：

① 从应用推广范围角度，首先在本校范围内进行应用推广，边应用边完善；然后在全国范围内进行应用推广，扩大教学资源库的受益面。

② 从应用推广对象角度，首先推动职业教育一线教师对资源库建设成果的应用，提升教学水平；然后使广大的职业院校学生以及社会技能学习者能尽快共享丰富、高效、先进的现代信息技术专业群教育和岗位培训资源。

（3）第三阶段——资源库的持续更新

教学资源库建设是一个边建设、边使用、边充实、边完善的过程。为保证专业教学资源库的可持续发展，按照共建共享、边建边用的原则，创建资源库平台运行管理和更新维护机制，确保教学资源持续更新满足教学需求和技术发展的需要，每年更新比例不低于 10%。通过校企合作和市场化运作，共同探讨资源库可持续的、良好的运行机制。

2）基本建设方案

面向现代信息技术专业群，以核心课程和平台课程为重点，通过系统设计、先进技术支撑、开放式管理、网络运行、持续更新的方式，兼顾全校性的关键能力课程，建设体现职业教育与培训教育教学改革最新成果和特色的、开放共享的教学资源库，并在使用过程中不断完善，使之在全国中等职业教育同类专业中得到推广使用，实现共享，带动全国中等职业教育同类专业教学模式和教学方法的系统化改革，使之成为在国内有一定影响、省内具有示范作用的和优质实用的教学与培训资源。提升我国中职教育同类专业人才培养质量和社会服务能力，为现代信息技术应用知识的更新、为同类专业毕业生在岗接受继续教育等个性化学习提供专业化的优质服务。

3.4.2 建设思路

按照顶层系统设计、整体解决、校企合作、共建共享、共性为主、兼顾个性、网络运行、持续更新的建设思路；坚持“学校主导、专家引领、教师行动、企业参与、校企共建”的原则；坚持专业能力与职业岗位对接，专业课程内容与职业标准对接的原则，面向企业岗位能力需求，开发专业课程和教材。充分利用“互联网+”的技术优势，遵循“结构化设计、碎片化建设、系统化呈现”的思路，按照线上线下教学的标准和规范，系统设计碎片化资源、模块、课程等不同层次的课程资源。

① 从需求出发构建专业课程体系，确保教学资源研制的有效性。在对现代信息技术产业发展背景、行业企业人才需求状况和全国现代信息技术专业群毕业生就业现状充分调研的基础上，系统设计课程体系，将源于企业的实际工作项目作为专业课程主体教学内容，使专业课程教学内容与就业岗位实际工作紧密相联。以教案为纽带，建设与教学任务、教学活动、教学环境之间紧密相联的专业教学资源，确保教学资源的有效性。

② 构建项目的建设机制，实现共建共享。在课程设计与资源建设子项目实施负责

人的基础上，探索课程设计与配套教学资源开放性建设机制，广泛吸纳同行设计与制作的特色学习单元及其配套教学资源，为开放性建设共享型现代信息技术专业群教学资源库奠定基础。

③ 着眼于教学实施的可行性，引导课程教学模式改革。以教学过程中每个学生均能获得实践动手机会为目标，设计适合“做中学”模式的教学实施可行性方案，以此为切入点，带动同类专业教学模式和教学方法改革。

④ 多元合作开发教学资源，全方位满足教师教学、学生学习、在职培训和社会学习者自主学习需求。联合行业内著名企业、示范院校等共建共享，充分吸纳企业优质资源，在形成高质量专业课程的同时，通过合作开发在岗人员继续教育培训课程、先进现代信息技术推广与培训课程等途径，不断丰富与完善专业教学资源。

⑤ 构建信息化平台，运用高新技术降低实训教学成本。寻求先进技术的支撑，使用高技术的现代信息技术平台实训项目，为师生学习现代信息技术先进技术提供服务。

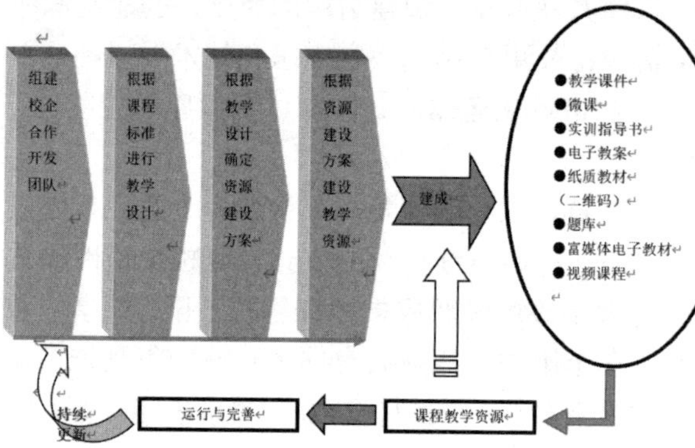

图 3-4 课程教学资源开发技术路径

3.4.3 确定开发内容

通过校企合作收集、整理、制作，开发现代信息技术专业群人才培养方案；开发《数字媒体基础》《图形图像处理》《三维动画制作》《影视后期制作案例教程》《电子竞技概论》《电子竞技解说》《网络技术攻防》7 门课程资源。其每门课程建设内容能满足“理、虚、实”一体化教学需求，包括：课程标准、课程教学设计（教案）、资源素材建设、课程教学资源建设、试题库开发，以及视频课程的建设，同时开发建设富媒体数字教材和纸质教材（二维码连接数字教学资源）出版等多项建设任务。在项目建设同时，通过师资队伍教育信息化培训，提高教师的课程建设能力、教育信息化技术的应用能力，全面提升教师课程改革的能力。

1）专业群教学资源建设

（1）专业群建设调研

从准确定位专业培养目标出发，设计调研方案，了解现代信息技术产业的发展背景，分析不同地区、不同企业对现代信息技术专业人才的需求状况和培养要求，以及全国现代信息技术专业毕业生就业现状，以此为依据，确定面向全国普适的现代信息技术专业群培养目标和主要就业岗位。

（2）确定专业基本要求

基于企业人才需求调研基本结论，从满足专业培养目标和主要就业岗位需求出发，提出现代信息技术专业建设基本要求，研制覆盖毕业生主要就业岗位的专业技能标准，主要包括专业理论知识和实际工作能力的要求、训练及考核标准等教学资源。

（3）构建专业课程体系

选聘企业生产、管理等一线工作人员组成专家组。逐一分析从专业就业岗位上征集获得的近百项实际工作项目中所包含的工作对象、工具、规范、要求四要素，将四要素相同的工作项目归纳为一门校内学习的专业课程，由此获得与就业岗位实际工作紧密关联的一门专业课程。

（4）研制课程教学资源

（1）微课制作

微课制作包括微课程脚本设计与开发、素材资源的采集、微课集成与制作（见附件4“微课开发脚本撰写方案”）。

（2）教学课件制作

单元教学内容的设计、选取素材资源、集成与 PPT 规范制作。

（3）试题库开发

根据职业标准和课程标准知识与技能考核要求，搜集试题，以学习单元和课程为集成试题库。

（4）富媒体数字教材

根据课程标准、职业资格标准，以开发与纸质教材编写大纲相匹配的电子教材开发大纲，开发制作数字富媒体资源（二维、三维、动漫、图片、音视频）完成富媒体教材的集成和封装。

（5）纸质教材（二维码数字资源共享）

根据课程标准、职业标准，开发编写大纲、确定编写样章、组织编写与审定、进行二维码数字资源共享设定、组织评审、出版发行或进行校本教材使用。

（6）实训指导书（工作任务单）

根据课程标准和职业资格标准的技能要求，编写实训指导书。

（7）视频课程

根据课程标准和建设方案，录制教学视频，制作视频课程。

课程及教学资源库建设任务一览表

建设模块	课程体系	成果呈现	建设要求	预期目标
数字化教学资源库建设	《数字媒体基础》	课程标准；教学设计方案；教学课（PPT）；图形、图像、视频；动画；微课；任务工单及实训指导手册；习题与试题	创建优质课堂，满足在线开放课程+SPOC 课程，推动完成数字媒体技术专业学习资源系统、移动学习服务云平台、富媒体数字教材阅读系统的实现。并满足在移动互联环境下的教学和培训活动	建设 4 门国家级精品课程；3 门市级精品课程；市级教师信息化大赛奖项 3 项；全国教师信息化大赛奖项 1 项
	《图形图像处理》			
	《三维动画制作》			
	《影视后期制作案例教程》			
	《电子竞技概论》			
	《电子竞技解说》			
	《网络技术攻防》			

续表

建设模块	课程体系	成果呈现	建设要求	预期目标
教材编写与出版	《数字媒体基础》	纸质载体+数字资源+移动设备+富媒体	国家规划教材	申报 4 门国家规划教材；3 门市级精品教材。
	《图形图像处理》		国家规划教材	
	《三维动画制作》		国家规划教材	
	《影视后期制作案例教程》		国家规划教材	
	《电子竞技概论》	纸质载体+数字资源	市级精品教材	
	《电子竞技解说》		市级精品教材	
	《网络技术攻防》		市级精品教材	

3）确定教学资源各内容体例和标准

为了推进现代信息技术专业群的教学资源建设与应用，保障教学资源的建设质量，根据学校实际情况并结合当前教学资源建设的发展趋势，确定教学资源各内容的具体要求和标准，如以数字媒体技术应用专业为例：

课程建设及富媒体交互式数字教材建设内容与技术要求

序号	货物名称	建设内容	主要技术参数
1	课程资源（投标人提供课程资源建设方案及技术标准）	课程标准建设	梳理和完善数字媒体技术应用专业 8 门课程的课程标准，包括：课程定位、课程目标、课程单元设计思路、课程内容及要求、教材建设、教学方法、教学条件、课程教学资源、教学评价等
		资源素材建设	资源素材是数字媒体技术应用专业 8 门课程教学资源建设的基础，按照职业岗位的职业标准和课程标准以及岗位任务的工作过程，根据教学活动设计和实训任务要求，进行素材收集整理及其教育化加工，包括文本素材、图形图像素材、音视频素材、动画素材、虚拟素材等
		课程教学资源建设	课程教学资源建设主要包括课程单元教学设计，基于课程素材资源进行教学课件、案例、微课（视频）、图形动画、试题库、教学录像、实训指导书（工作任务单）等的集成与建设，以及基于以上学习资源开发的网络课程建设等内容，并确保能实现线上线下学习
2	富媒体交互式数字教材	技术环境要求	▲1. 采用 xhtml 内容存储，以 EPUB 3.01 以上标准格式呈现，全面兼容 PC、iOS 以及 Android 等设备，可适用于多种阅读终端（PC、PAD、手机），可自适应流式排版。（现场演示） ▲2. 支持 DRM 加密实现版权保护（现场演示） 3. Epub 档案内部使用 XHTML 的格式存储内容，并以 zip 格式来压缩文档 4. Epub 文档内部支持锚点链接，支持外部 CSS 样式扩展 ▲5. 支持标准 html 和 CSS 解析渲染，实现跨平台作业的解析引擎和渲染引擎（现场演示）
		阅读功能	1.- 打开图书：点击封面，折叠打开图书 2.- 关闭图书/回书架：双指捏合，关闭图书 3.-书签：下拉添加书签，再次下拉取消书签，书签也可以在导航栏中添加 4.-划线笔记：手指长按滑动添加笔记 5.-选择-手指长按（比做笔记要时间长）出现选择的状态，拖拽两边光标，可以扩大选择

续表

序号	货物名称	建设内容	主要技术参数
2	富媒体交互式数字教材	阅读功能	6.-增大/缩小字体：点击屏幕呼出工具栏，再在工具栏中点击相应图标 7.-不同的间距。点击屏幕呼出工具栏，再在工具栏中点击相应图标 8.-更换字体。点击屏幕呼出工具栏，再在工具栏中点击相应图标 9.-白天/黑夜模式。摇一摇，或者点击按钮 10.-前后翻页。点击版面两侧，或者左右滑动 11.-调出菜单栏。点击版面中间区域，再点击中间的区域，菜单栏消失 12.-读书笔记。针对画线或者选择的内容进行记录 13.-字典、百科。打开对应的爱词霸或者百度百科 14.-翻译。汉译英、英译汉；打开对应的谷歌在线翻译 15.-搜索，文内搜索、谷歌、百度；选择或者画线的笔记可以随时搜索 16.-分享。分享各类社交平台；点击画线或者选择的内容，再点击相应图标 17.-纠错。选择内容进行纠错发给制作图书的人 18.-目录。点击按钮左侧打开目录，双指左侧滑动打开目录 19.-尾页交互。在最后一页，对于试读的图书，可以购买电子书，也可以推荐同类的电子书，另外也可以购买对应的京东、当当、亚马逊的纸书 20.-屏幕亮度。按钮滑块，或单指下滑 21.-页面装饰。页眉：页脚 22.-流式排版。图文绕排，自动化的硬件效果匹配 23.-文字。不同字号、不同字体 24.-显示图片 1）背景图：全屏图标，与设备间不存在边距；元素图片：在指定区域插入的图片，可以对图片的属性进行定义（例如大小、透明度等） 2）GIF 动图。可以是 gif 动图 3）标题图片。带有标题的图片（包括左右上下的标题形式） 4）显示图片边框 25.-显示视频。区域播放；选定区域播放视频元素；按钮全屏播放，点击进入视频的全屏幕播放。在线视频，点击进入在线视频的直接播放。显示音频；背景音频。在选定区域插入音频元素；点击按钮全文播放；点击按钮人工语音报读书本内容；播放器音频，带进度条；点击出现音乐播放器播放音频 26.-显示代码块 27.-显示文内注释 28.-显示画廊；带缩略图/不带缩略图；用户可以滑动操作切换图片显示，还可以点击全屏；可点击交互/不可点击交互 29.-显示并列图。一排可以并列显示多张图片，用户可以点击交互 30.-显示并列视频。一排可以并列显示多个视频，用户可以点击交互 31.-显示链接。网页链接，点击元素跳转到网页链接；文内跳转，点击元素跳转到图书的其他元素或者区域；应用内购买，可在书籍内购买增值内容 32.-测试模式呈现。单选；多选。段落填空选择、（完形填空）、判断题、连线题填空题 33.-元素交互显示：点击元素可以弹出或显示其他的元素 34.-显示动画效果：显示指定元素属性、位置和动作的变化 35.-电子教材购买：通过定价一下订单一在线支付和设置账号一提现一对账或类似的流程实现电子教材的购买 36.-考试题统计：有练习模式和测试模式，练习模式可以做一个题看一个题的答案，测试模式会计时，有单章统计，知识点统计

续表

序号	货物名称	建设内容	主要技术参数
2	富媒体交互式数字教材	阅读功能	37.-有草稿纸：菜单栏上面点击一个按钮，可以出现半透明的草稿纸，可以缩放以及保存 38.-护眼提示：根据用户的阅读时间给了用户休息一下，保护眼睛的提示
		呈现与应用功能	▲1. 可自动重新编排，自适应横纵版不同分辨率设备（现场演示） 扩展图片属性区分交互图和静态图片，静态图片实现出血的渲染果 2. 支持并列图片的渲染 3.扩展交互元素，支持画廊、gif 等动态元素 4. 支持单图多点交互 5. 支持字号字体调节，自动排版 6. 支持章内随堂测验，以及单章测试，章节测验能够给出测试和反馈结果 7. 扩展元素实现进出场动画包括但不限（平移动画、缩放动画、旋转动画等）。实现点击交互动画，预留接口实现其他动画 8. 良好的接口和元素扩展设计，方便扩展更多的交互元素
		辅助教学功能	▲1. 数字教材能够多维度呈现教学资源，如微课、课件、作业和试题，并满足在线移动学习（现场演示） 2. 实现线上线下学习，以及数字资源共享、微课推送与学习、学习过程管理与测评、全媒体数字教材阅读、测评系统、题库与考试管理、互动问答等学习功能需求
3	微课（视频）品质标准	基本要求	1. 字号最小不低于 20 2. 时长为 5~15 分钟 3. 格式一般为 MP4 或 AVI 4. 分辨率通常为 1280*720 5. 帧数应不低于 25 帧 6. 画面：采用高清 16:9 拍摄，视频图像清晰，播放时没有明显噪点，播放流畅；音频与视频图像有良好的同步 7. 片头片尾：片头不超过 12 秒，片尾不超过 5 秒 8. 音频：采样率 48KHz，音频码流率 128Kbps；必须是双声道，必须做混音处理
		品质标准	1. 结构完整：一个优秀的微课往往涉及的制作元素非常之多，这其中通常包括封面封底、目录架构、过渡页面、标题注释、线条图片、动画视频等等。显然，要将这些不同类别的元素融合在一起又不互相冲突，除了常规的设计，还需全面细致的策划。 2. 选材适当：微课中的相应知识点素材应根据教学或学习中的常见、典型、有代表性的问题或内容来进行选取，所选素材尽量“简而精”，使之不但能够贯穿整个微课，也能有效解决教与学过程中的重点、难点、疑点。 3. 表达清晰：教学内容的组织与编排，应符合学生的认知逻辑规律。换言之，即根据教学需求选用灵活适当的教学方法，充分运用图片、动画、视频、HTML 网页等多种媒体技术使整个教学过程主线清晰、重点突出，逻辑性强，明了易懂。 4. 画面精美：通常，动态画面能使课件精彩动人，静态画面能给人更多的思索空间，因此在设计微课课件时要注意让动态画面和静态画面有机结合起来，优质的微课课件往往是内容与优美形式的完美统一。 5. 生动有趣：表现手法不拘泥于传统的教学模式，构思新颖，别具创意，趣味性和启发性强；教学配音规范清晰，富有感染力。学生学习的积极主动性在这样的音画配合效果中能够得到极大的调动。 6. 作品规范：

续表

序号	货物名称	建设内容	主要技术参数
3	微课（视频）品质标准	品质标准	1）材料完整：包含微课视频，以及在微课录制过程中使用到的全部辅助扩展资料：教学方案设计、课件、习题、动画、视频、图片、答案、总结等。辅助扩展资料以单个文件夹形式上传提供。 2）技术规范：微课视频：时长 5~15 分钟；视频图像清晰稳定、构图合理、声音清楚，主要教学环节有字幕提示等；视频片头应显示微课标题、作者、单位。 3）演示文稿：配合视频讲授使用的主要教学课件限定为 PPT 格式，需单独文件提交；其他拓展资料符合网站上传要求。 4）教学方案设计表内应注明讲课内容所属大类专业、课程名称、知识点（技能点）名称及适用对象等信息
		教学设计与安排	1. 选题价值：选取教学环节中某一知识点、技能点、专题、实训活动作为选题，针对教学中的常见、典型、有代表性的问题或内容进行设计，类型包括但不限于：教授类、解题类、答疑类、实训实验类、活动类。选题尽量“小而精”，具备独立性、完整性、示范性、代表性，能够有效解决教与学过程中的重点、难点问题。鼓励深入浅出、通俗易懂、短小精悍的作品。 2. 教学设计与组织： 1）教学方案围绕选题设计，突出重点，注重实效；教学目的明确，教学思路清晰，注重学生全面发展。 2）教学内容严谨充实，无科学性、政策性错误，能理论联系实际，反映社会和学科发展。 3）教学组织与编排要符合职业院校学生的认知规律；教学过程主线清晰、重点突出，逻辑性强，明了易懂；注重突出以学生为主体的教学理念以及教与学活动有机的结合。 3. 教学方法与手段： 1）教学策略选择正确，注重调动学生的学习积极性和创造性思维能力；能根据教学需求选用灵活适当的教学方法；信息技术手段运用合理，正确选择使用各种教学媒体，教学辅助效果好。 2）鼓励参赛教师采用多元设计理念、方法、手段设计微课，教师在授课过程中，可使用但不限于：把图片、动画、视频、HTML 网页等多种媒体技术，恰到好处地运用在教学过程中，以实现较好的教学效果

教学平台要求:优质课程资源+ 便捷的备授课工具+规范便捷的课程建设工具+出版级富媒体交互式教材+ 移动互联网多维学习+提供交互式师生互动环境+提供教学过程记录及数据分析。建设内容与技术要求见下表：

教学平台建设内容与技术要求

子系统名称	主要功能	内容	具体描述
1. 资源库管理	基础管理	院校信息	学校基础信息，显示院校名称和院校代码，可编辑院校 BANNER、LOGO、院校类型、所在省份、院校简介等信息
		院系管理	学校组织结构的建立，包括二级学院、系部、专业的添加、编辑和删除
		专业管理	建立学校开课专业，可进行添加、编辑和删除，并提供按排序、索引查询学校专业
	师生管理	教师管理	支持对教师的统一管理，教师名单的批量导入与导出。对导入的教师账号可一键生成用户名

续表

子系统名称	主要功能	内容	具体描述
1. 资源库管理	师生管理	教师管理	支持冻结教师账号功能
		学生管理	支持对学生的统一管理，学生名单的批量导入与导出。对导入的学生账号可一键生成用户名
			支持冻结学生账号功能
		班级管理	建立班级基本信息，管理班级内学生
	课程管理	课程管理	支持按学段、课程类型和专业进行课程资源的添加、编辑、查询以及删除，可设置课程授课老师。
		课程授权	支持按学段、课程类型和专业进行课程授权，老师获得授权后，可以使用资源进行教学。
		课程审核	支持对课程制作人员，或教师共享课程的审核发布。
	素材管理	素材资源管理	支持对课程有关的教学素材的查询、修改。
	题库管理	题库资源管理	支持课程章节习题的查询、修改，可制作独立习题集。
	教材管理	富媒体教材管理	支持课程有关的富媒体教材的上传，及课程用纸质书教材的统一管理。
		纸质教材管理	
	统计分析	教师统计	统计自定义时间内教师行为、资源上传、资源利用率以及作业情况
		学生统计	统计自定义时间内学生行为及课堂参与度
		课程建设统计	从专业维度或教师维度统计课程建设数量
		访问量统计	统计教师、学生和管理员每月对系统的访问量
		每日统计	统计自定义时间内每天的访问量、学习课件数、上传资源数、新增课程数和新增学生数
		数据监测	能够接受教育部数据监测的要求，可完整导出符合“职业教育专业教学资源库项目管理与监测平台”要求的监测数据，满足学校申报国家职业教育专业教学资源库项目的需要。
	系统配置	权限分配	支持对子管理员的添加、查询和删除。子管理员可被选择授予的权限包含统计分析、基础管理、师生管理、课程管理、系统配置
		角色设置	支持创建、修改角色，勾选相应的功能权限配置角色权限。
2. 教师教学	教师空间	我的课程	正在进行和已经发布的课程列表，显示课程学员人数和授课老师、学时等课程信息。
			可查看、修改、归档和删除课程
		课程管理	新建课程，设定课程元数据，包含课程名称、封面，教学单元设置等。教师可以自由添加、编辑、修改课程内容结构以及教学资源
		课程查询	支持查询课程内资源元数据，对查询结果分类显示，便于教师寻找教学资源。
		备课	教师可使用授权的精品课程资源选择资源，进行备课，创建自己的课堂用资源包。支持教师课堂教学内容管理。
		设计课程结构和内容	支持教师在线创建课程结构。
			课程结构最多支持章—节—知识点三级结构
			可添加的学习任务包括资源、随堂检测、富文本等。
			自定义目录配置：提供多种课程结构目录层次名称，如第一章、第一讲；第一节、第一课等
		拓展课	类似课程商店，支持按专业，学段、年份分类自主购买需要的课程资源，加入我的课程后使用

续表

子系统名称	主要功能	内容	具体描述
2. 教师教学	课程任务管理	题库	可在线添加题目（支持单选、多选、判断、填空、问答等题型）或利用模板导入题目，也可在国家资源库中选择与我校专业设置方向相同或相近专业的项目中导入题目
			题目可用于课程内容中添加自测以及作业和考试模块
		布置任务	可创建在线作业
			在线作业是从题库中选择题目，学生在线完成。支持按照规则自动出题和手动选择题目。客观题自动批阅，主观题需要教师手动批阅
			支持从资源库中选择文件作为作业，学生线下完成作业后上传
		问卷调查	问卷创建、预览、修改、删除、分享链接以及查看问卷统计
		任务成绩	可设定每个教学任务的完成标准，并根据该标准自动计算学生的学习进度
		考试	仅支持在线考试
			可设定规则（设定出题模块和题目生成方式，以及各类型题目数量及分数）系统自动出考卷，也可手动选择题目
	班级管理	学生分班	设置选课方式（自由加入、邀请码加入、禁止加入）
			将学生分班，可分班查看学习统计和成绩
		课程考核标准	灵活设置课程学习的考核标准以及考核权重比例（包括到课率、课程活动完成率、任务点完成率、测验得分、作业得分、考试得分）
		统计	学生在课程中学习进度记录的图形化统计，包含课件平均使用率、学生学习进度情况、学生活跃度、考勤分析和作业分析
		成绩	学生成绩的详细数据，包含总成绩、考勤成绩、课间完成度成绩、互动参与度成绩、测验成绩、作业成绩、考试成绩
			可按照学生姓名、学生学号检索特定学生的成绩信息
			支持成绩导出为 excel 文件
	教学工具	个人资源管理	资源的上传、分类别管理、查看、修改、删除和下载
			自动对上传的音频、动画、视频进行加工处理，生成可在线观看或播放的流媒体资源。针对上传的文本和图片可进行自动加工处理，生成可在线观看的格式
		教学客户端	支持老师在桌面课堂软件中，查看我的课程，选择今日课程资源包进行课堂授课。在客户端中，可随时打开备课时备好的资源文件
3. 课程学习	学生空间	我的课程	正在进行和已经归档的课程列表，显示课程主持教师、课程学时和本人当前学习进度
			可查看课程、加入课程、学习课程、删除课程（即退出学习）
		课程评论	学生可以针对课程发表自己的评论
		课程阅读	学习进度自动记录，支持断点续学
		课程课件、微课学习	学生可在线按课程单元进行电子书阅读学习，每一章节对应的课件、微课、教学视频，自行进行单元测试
		课程任务	教师布置任务，学生在课程任务中查看，完成任务后，提交结果，老师可在线查看学生任务完成情况
		师生桥	查看教师发布的课程公告，参与师生互动
		测试	考试管理在学生的个人中心，学生本人所有课程的随学随考、在线进行单元测试

续表

子系统名称	主要功能	内容	具体描述
3. 课程学习	学生空间	笔记	在学习内容的过程中学生可以创建笔记，并支持当前学习内容的界面截图，方便问题定位
	拓展课	课程商店	支持按专业，学段、年份分类自主购买需要的课程资源，也可以直接输入课程代码申请加入到我的课程中进行在线学习
4. 移动教学与学习	教学	课程公告	查看和新建课程公告
		我的备课	后台备好课的授课资源包，支持移动端使用
		富媒体电子教材	支持使用富媒体电子书（多种互动多媒体呈现）进行课堂教学
		查看学生学习进度	查看学生在每个模块的学习进度和表现
		组织课堂互动	结合教学内容，发起课堂活动，支持多种课堂互动形式
			签到：一键签到或手势签到
			测验：从课程内容中选择自测题进行课堂测验，可实时查看作答情况
			讨论：从课程内容中选择讨论，可实时查看回复情况
			头脑风暴：发布一个主题，可实时查看学生回复情况
			提问：组织学生抢答
	学习	课程评论	学生可以针对课程发表自己的评论
		报名加入课程	支持直接输入课程代码加入课程学习
		教材阅读	支持学生自主按章节阅读课程的富媒体互动教材，同时记录阅读进度，支持老师查看学生的阅读进度
		师生桥	查看课程通知及师生互动
		课程成绩	支持在线学习，学生可随时查看自己学习进度，成长状况
		课程任务	支持老师布置任务，学生在线完成任务，自动获取任务结果
			参与老师发布的课前、课中、课后互动任务

表 纸质教材建设技术参数

序号	货物名称	建设内容	主要技术参数	
1	教材出版及基本要求	《数字媒体基础》	22-24 万以内（需配套数字化教学资源）	提供 50 册样书
		《图形图像处理》	22-24 万以内（需配套数字化教学资源）	提供 50 册样书
		《三维动画制作》	28-30 万以内（需配套数字化教学资源）	提供 50 册样书
		《影视后期制作案例教程》	28-30 万以内（需配套数字化教学资源）	提供 50 册样书
		《电子竞技概论》	22-24 万以内（需配套数字化教学资源）	提供 50 册样书
		《电子竞技解说》	22-24 万以内（需配套数字化教学资源）	提供 50 册样书
		《网络技术攻防》	28-30 万以内（需配套数字化教学资源）	提供 50 册样书
2	教材建设出版服务技术要求	相关参数	1. 书号：由中标单位提供书号，公开发行，中标单位负责教材发行的全流程工作。 2. 质量要求：教材质量标准（差错率、印装质量）需严格控制在国家标准范围内，按精品教材的标准进行制作出版。 3. 严格按照采购人时间进度安排作业，保证按时按质完成出版及发行工作	

续表

<table>
<tr><th>序号</th><th>货物名称</th><th>建设内容</th><th>主要技术参数</th></tr>
<tr><td rowspan="5">2</td><td rowspan="5">教材建设出版服务技术要求</td><td>相关参数</td><td>4. 印刷要求：封面用 250 克铜版纸全彩印刷；其他 9 本以 16 开本平装的形式出版，内文用 70 克双胶纸单色印刷，封面用 250 克铜版纸全彩印刷。封面设计由中标单位设计，并交采购人确认。印刷必须符合国家出版行业标准《书刊印刷标准 CY/T1～3－91，CY/T7.1～7.9－91，CY/T12～17－95》的规定。
5. 教材出版发行前，召开教材评审会议。
6. 教材出版发行后，中标单位配合采购人的验收，并做好教材的宣传、推广工作。
7. 教材版权归采购人所有，经授权方可再次出版</td></tr>
<tr><td>工作内容</td><td>1. 本项目工作内容包括教材开发研讨、培训。
2. 教材评审。
3. 封面（护封）设计、装帧设计、制作制版、版式设计、编辑校对、支付编者稿酬、质检、印刷装订、出版、发行、运输等的出版全流程工作</td></tr>
<tr><td>品质要求</td><td>中标单位签署合同后，由采购人提供招标的教材样书初稿，然后由中标单位按照拟出版教材的要求进行必需的编辑和排版，完成后，在印刷前必须提供样书供采购人审查，经采购人审查合格后方可进行印刷，否则采购合同终止，同时要求中标单位赔偿损失</td></tr>
<tr><td>正式出版</td><td>中标单位均需要在制作合格的样书基础上获得正式出版教材的书号，可查询到图书在版编目（CIP）数据，然后正式印刷成纸质公开出版物，并且，向甲方提供规定数量的正式出版教材，且能满足甲方学生教材订购的需求。若乙方无法按照要求提供正式书号，或达不到出版社的要求无法出版，甲方有权解除本合同，并要求乙方赔偿因此给甲方造成的一切损失</td></tr>
<tr><td>售后服务</td><td>1. 中标单位需提供 1 年及以上的质保期，在质保期间，因印刷制造质量不良而产生损坏或不能正常使用，中标单位应免费更换。
2. 质保期内中标单位须自行付费，负责替换任何由于印刷质量问题造成的损坏</td></tr>
<tr><td>3</td><td>配套资源</td><td>课件</td><td>1. 文件格式
教学课件是为执行一个或多个教学任务而按照一定教学策略设计的计算机应用程序，一般包含多种媒体素材。根据开发工具可以分为网页课件、Authorware 课件、PPT 课件等。
2. 技术要求
<table><tr><th>技术要求</th><th>属性</th></tr><tr><td>课件中所采用的媒体素材符合本标准中媒体素材资源的技术要求</td><td>M</td></tr><tr><td>单机上运行的课件，必须能够运行于 Windows XP 或更高版本</td><td>O</td></tr><tr><td>对于一些基于静态网页的课件，或是基于服务器解释的交互式课件，必须能够通过标准的 Web 浏览器访问</td><td>M</td></tr></table></td></tr>
</table>

续表

序号	货物名称	建设内容	主要技术参数		
3	配套资源	课件	网页课件		
				技术要求	属性
				网页目录层次清晰，命名简洁、准确、合理	M
				网页内的所有路径写法均使用相对路径，如“images/logo.jpg”	M
				请使用标准的网页编辑工具编辑网页，不要直接将 Microsoft Word 等文字格式文件粘入网页文件中，避免出现大量垃圾代码	M
				对于背景、表格、字体、字号、字体颜色等统一使用样式表（CSS）处理，除极个别情况，不要手动指定文字样式	M
				不同网页的样式风格尽量一致，在背景、色调、字体、字号上不要相差太多	O
				每个网页在 800×600 分辨率下不出现横向滚动条	M
			Authorware 课件		
				技术要求	属性
				课件的开始要有醒目的标题，标题要能够体现课件所表现的内容	M
				画面简洁、清晰，主要内容放在中心位置。界面友好，交互设计合理，操作简单	M
				如果有解说，配音应标准，无噪音，声音悦耳，音量适当，快慢适度，并提供控制解说的开关	M
				在课件中不同位置使用的导航按钮（如跳转、返回、播放控制等）保持风格一致	M
				全屏播放的课件，必须在明显位置有“退出”按钮	M
			PPT 演示文稿		
				技术要求	属性
			软件版本	文件制作版本不低于 Microsoft Office 2003，要求上下兼容	M
			版式设计	字体字号：每页版面的字数不宜太多。不要使用特殊字体，如有特殊需要，需提供字体文件	M
			版式设计	文字要醒目，避免使用与背景色相近的颜色	M
			版式设计	恰当使用组合：某些插图中位置相对固定的文本框、数学公式以及图片等应采用组合方式，避免插图中的文字和公式产生相对位移	M
			版式设计	动作：演示文稿不宜使用过于花哨的动作，不要随意添加与教学无关的声音效果	M
			导航设计	PPT 内所含链接都是相对链接，并能够正常打开	M
			导航设计	文件中链接或插入的其他媒体满足本规范中关于媒体素材资源的技术要求	M
			宏	播放时不要出现宏病毒提示	O

续表

<table>
<tr><th>序号</th><th>货物名称</th><th>建设内容</th><th>主要技术参数</th></tr>
<tr><td rowspan="2">3</td><td rowspan="2">配套资源</td><td>课件</td><td>
提交要求
<table>
<tr><th>媒体类型</th><th>提交要求</th><th>说明</th></tr>
<tr><td rowspan="2">网页或
Authorware
课件</td><td>提交的产品要完整，包括：可执行文件（可在 Windows 2000 及更高版本上运行或者可在解释环境下运行）、源文件包括（工程文件、素材、开发文档）</td><td>M</td></tr>
<tr><td>上传时，如有多个文件，请将相关文件压缩成 ZIP 格式</td><td>M</td></tr>
<tr><td rowspan="5">PPT
演示文稿</td><td>PPT 的粒度大小要适应教学需要，一门课程的 PPT 不宜过多或过少</td><td>M</td></tr>
<tr><td>提交的文件后缀名为 PPT</td><td>M</td></tr>
<tr><td>如果内嵌音频、视频或动画，在相应目录单独提供一份嵌入的文件</td><td>M</td></tr>
<tr><td>如果多个 PPT 之间有链接关系，请标明首页文件，如“index.ppt”</td><td>M</td></tr>
<tr><td>上传时，如有多个文件，请将相关文件压缩成 ZIP 格式</td><td>M</td></tr>
</table>
</td></tr>
<tr><td>微课</td><td>
文件格式
<table>
<tr><th>媒体类型</th><th>扩展名</th><th>说　明</th></tr>
<tr><td>视</td><td>*.mpg
*. mv</td><td>MPEG 视频文件
Windows Media video 格式</td></tr>
</table>
技术要求
<table>
<tr><th colspan="2">技术要求</th><th>属性</th></tr>
<tr><td>品质要求</td><td>原始视频文件码率为 1Mbps，大小为 720×576，提交时，要求提供原始视频文件</td><td>M</td></tr>
<tr><td>字幕要求</td><td>字幕清晰美观，能正确有效地传达信息。字幕尽可能少，在节目中的停留时间以能看清楚为准
字幕的字体、大小、色彩搭配、摆放位置、停留时间、出入屏方式力求与节目中的其他要素（画面、解说词、音乐）配合得恰到好处，不能破坏原有画面</td><td>M</td></tr>
<tr><td rowspan="2">画面要求</td><td>视频类素材每帧图像颜色数不低于 256 色或灰度级不低于 128 级</td><td>M</td></tr>
<tr><td>视频图像清晰，播放时没有明显的噪点，播放流畅</td><td>M</td></tr>
</table>
提交要求
<table>
<tr><th>媒体类型</th><th>提交要求</th><th>说明</th></tr>
<tr><td>视频</td><td>提供原始视频文件，如 MPEG</td><td>M</td></tr>
</table>
</td></tr>
</table>

续表

<table>
<tr><th>序号</th><th>货物名称</th><th>建设内容</th><th colspan="2">主要技术参数</th></tr>
<tr><td rowspan="8">3</td><td rowspan="8">配套资源</td><td rowspan="7">试题</td><td>要求</td><td>属性</td></tr>
<tr><td>试题库可以和远程教学管理系统通讯</td><td>M</td></tr>
<tr><td>试颞库可以在不同的远程教学管理系统中运行</td><td>M</td></tr>
<tr><td>应具备对试颞的查询、单个录入、批量录入、删除、修改、组卷、统计分析、自动属性值校正等功能</td><td>M</td></tr>
<tr><td>组卷至少应包括：个人组卷、考试组卷和组卷策略的存储和使用</td><td>M</td></tr>
<tr><td>组卷策略至少应包括：智能组卷、绝对评价组卷、相对评价组卷</td><td>M</td></tr>
<tr><td>统计分析至少应包括：学生分析、试题分析</td><td>M</td></tr>
<tr><td>其他</td><td colspan="2">（1）Wrl、lcs、Wmf、Dwg、Chm 等格式的素材，限于使用环境，若确定作为一类素材入库的话，请在提交每个下载用素材的同时再提交一个预览文件（文本 pdf 格式、图片 jpg 格式、动画或视频 flv 格式），下载用文件和预览文件都请打上 logo（防伪标记）。
（2）非单个文件素材包 zip、rar 等资源文件，在提供下载文件的同时，还请制作提交能以单个文件呈现的预览文件（文本 pdf 格式、图片 jpg 格式、动画或视频 flv 格式），下载用文件和预览文件都请打上 logo（防伪标记）。
（3）网页文件包为单独文件夹存放，包中所有文件及文件夹均需用非中文命名，网页包首文件名为 index.html</td></tr>
</table>

4）教学资源管理与应用平台建设

1. 需求分析

根据基于移动互联的交互式职业教育学习平台的社会需求，结合项目实际，我们认为项目是一个集合文字素材、图形图像素材、动漫素材、语音素材、视频节目等资源的发布、展示和在线学习的资源管理平台和学习过程的管理平台。该平台应适用于职业院校职业教育学习与培训的专业知识和技能学习与训练。

A. 技术需求

a. 支持跨平台应用。平台要求使用 B/S（ 浏览器 Browser/服务器 Server）架构。服务器端提供必要的页面生成、权限验证服务以及数据库服务；PC 客户端，移动端（手机/PAD，Android/IOS）都可以登录平台，实现各种管理和查询、在线学习等功能。同时，服务器将对客户端发出的动作请求，自动生成、保存平台日志。

b. 易用性。要求平台易于上手，便于使用，界面直观大方，能推广使用。本平台的用户为院校的老师、学生和社会学习者，并非计算机专业人员，不具备相关技术背景。要求本平台有较好的操作性和高稳定性，能够提供较为直观的界面，用户只需按提示完成相应操作即可。

c. 性能要求。平台应具有良好移植性，高响应速度和高可用性。

d. 可维护性。应用服务器应提供可视化管理界面，后台维护、平台维护工作简便，降低维护的难度，平台预设各种参数，支持用户自行灵活调整。

e. 部署。支持集中式部署或分布式部署。

f. 安全策略。

平台提供对数据的备份和恢复功能；

可以使用户在远程恢复被破坏的文件；

密码加密保存；

敏感信息，密文传输；

要求与文件中的“平台安全”相结合。

符合技术指标要求。

安装简捷，使用方便，界面直观简洁人性化，符合用户使用习惯。

平台性能稳定，并具有保证平台和数据安全的可靠机制。因为该平台的用户数量较多，而且用户的平台登录时间比较集中，一般正常环境下要求最长平台响应时间不超过 3 秒，平台正常使用后，平台 bug 在三个月的发生不能多于一次，平台 bug 最长排除时间不超过 48 小时。

完善的密码验证与登录验证机制，且对所有功能的使用和信息访问均可设置权限验证，支持数字认证。

数据以及程序的开发设计一定要符合《计算机软件产品开发标准与规范》，提供可持续的二次开发服务。

B. 功能需求

a. 用户管理。支持以层次结构、面向对象的数据库的方式集中管理用户信息，提供完善的用户权限控制体系以及 IP 限制，防止非法阅读，防止账号盗用，保证数据的一致性和完整性，为基于移动互联的交互式职业教育学习系统提供用户信息的共享。

b. 门户管理。门户为平台对外宣传的窗口，发布资讯、通知公告和友情链接等。

c. 云共享专业资源管理。建立支持职业教育专业化发展、用户在线学习的视频节目资源库、多媒体单元素材库、多媒体精品课件素材库、文字知识素材库、图形图像知识素材库、动漫素材库、语音知识库，用户进行资源管理、资源浏览、资源检索等功能利用各类资源，发挥平台的信息化效能。可以进行分类查询、全文检索等模式查询，并通过 RSA 算法等加密技术保证资源数据库的安全。还可以提供文档、图形图像、视频等多媒体资源在线预览与下载，并对集团用户，提供镜像资源服务。具备完备的专业学习资源和资源深度标引，可实现 e-learning 所需知识的碎片化存储。

d. 课程管理。可以在线管理与查看课程，可以按自定义分类实现课程的制作，审核管理。

e. 题库测评管理。可以实现在线建库、布置作业、考试、在线提交作业，在线批改作业并进行分析统计的功能。

f. 移动学习平台。建立职业教育交互式移动学习功能，可实现学习专业课程、在线学习测评、互动答疑等学习需求。

g. 富媒体数字教材。可以实现富媒体呈现功能，可将文档、视频、动画、微课、虚拟仿真和增强虚拟现实等融合应用，在移动互联网络环境下，实现 PC、PAD/手机多终端接入。

h. 班级管理。组建虚拟班级，实现学习过程的管理、构建师生交互活动空间。

2. 总体设计

A. 设计原则

a. 服务“教”和“学”的原则。

课程资源与教学管理平台的功能主要是为教师的课程教学和学生的课程学习提供的教学支撑环境，所以要服从服务“教”和“学”的原则。

b. 可扩充性原则

平台系统必须优化体系结构，可扩充性强。因此，软件功能上应备有进一步开发的空间。

c. 简洁明了原则

版面结构设计、颜色、字体简洁明了，网站导航清晰明确，指示性图形含义前后保持一致，整体页面风格一致。

d. 易操作原则

操作要简单，运行快捷、提示信息详尽、准确、恰当。

e. 易维护性原则

当系统上出现小的变动或出现新的需要时，要能够方便快速地进行维护。

用户对象

目前基于移动互联的交互式职业教育学习平台项目的用户定位主要是职业学校的教师和学生，以及社会学习者。

3. 设计思路

整个方案在实现客户现有的需求基础上，兼顾未来用户业务的发展。对基于移动互联的交互式职业教育学习平台项目的建设进行综述，着重阐述本项目实施范围的建设方案。本方案要依据信息化发展过程中的业界通行标准，如：稳定性、安全性等，充分体现在以下几个方面。

（1）业界标准。从用户需求出发，依据信息化发展过程中的业界通行标准，要求整体方案的设计满足信息平台在满足业务需求的同时运行稳定、安全、可靠，同时具有可扩展性等特性。

（2）全局观。从基于移动互联的交互式职业教育学习平台项目的建设的整体布局出发进行考虑，讲述各个子项目之间的建设关系，对项目进行整体的把握。

（3）前瞻性。从基于移动互联的交互式职业教育学习平台项目的当前建设出发，同时考虑未来不久的平台建设发展，使得方案设计体现先进性、科学性、可扩展性。

（4）集成架构。需要为用户提供整体的、集成的、一体化的信息平台，将各个层次的信息平台综合起来进行横向的（在一个建设层次中的）和纵向的（不同层次间的）集成化以满足用户需求。

（5）数据统一设计。整个项目建设的核心是信息的整合以及有效利用，应加强数据的统一设计特色。对数据的进行分类、存储和数据流动的设计。

4. 维护方案

项目部署运行后，将按以下工作内容进行服务及技术支持：

A. 试运行期

负责完成计算机系统中运行系统所需软件的安装、调测、联通，确保达到本工程对软硬件相关的规范、功能要求。

负责本工程应用软件的开发、安装、调测、联通，确保达到本工程对应用软件的功能、性能要求。

负责整个系统的联调、开通，确保达到本工程对整个系统的规范、功能要求。

负责本项目所涉及的其他必需的集成工作。

提供关于本项目的所有技术文档，所提供的技术文件与提供的系统设备相一致，并保证全面、详细。

B. 安装部署

安装部署系统，并负责运行调试。

负责提供整个系统的安装光盘、本文所规定文档、二次开发规范和标准接口说明等。

C. 其他

对系统平台的升级提供技术支持服务，升级内容包括核心代码的优化、数据库优化以及用户合理需求导致应用系统的修改。

提供数据备份服务。

对系统所发生的所有 BUG，提供技术支持，并在规定时间内给予解决。

5. 实施计划

为了保障整个系统的顺利实施和运行，还需要有一系列科学、规范的组织管理措施予以保障，此部分内容将以“项目实施计划书”的形式予以确认。

A. 项目的组织结构

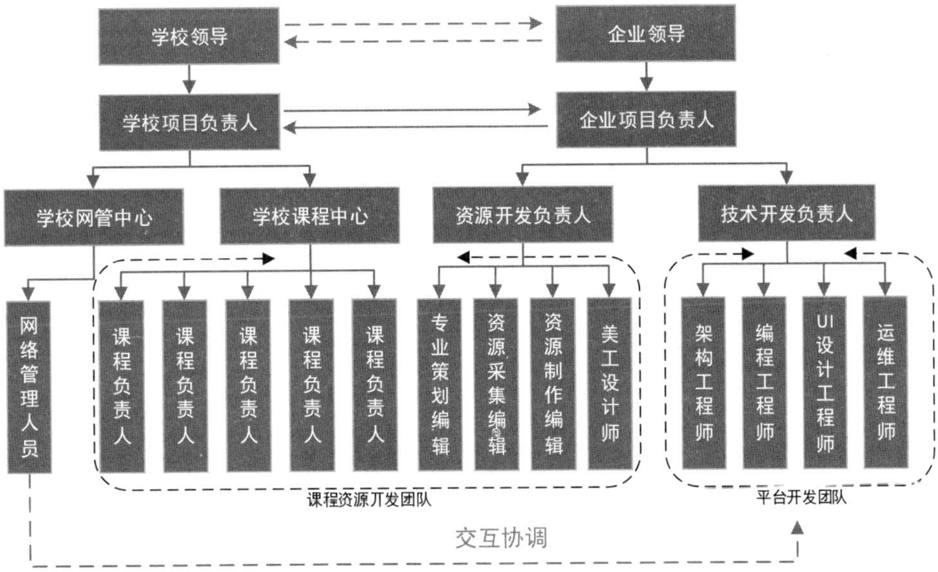

图 3-5　项目的组织结构图

B. 项目进度安排

项目建设本着整体推进、分布实施的原则进行进度安排。

课程资源建设推进计划表

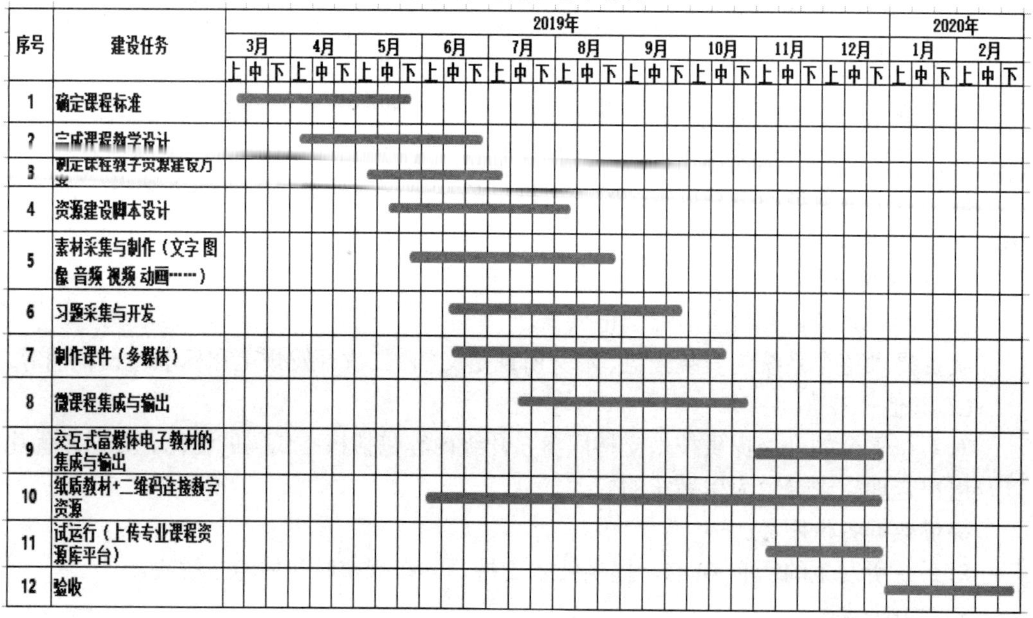

3.5 改革教学模式

3.5.1 确定教学模式改革方案

1）确定教学模式改革指导思想

以学生成长成才为目标，以素质提升为本，以能力培养为纲，以知识传授为目，以职业技能为用，以教学创新为体，以学生兴趣为源，开发学生潜能，增强竞争优势，培养有创意、能创造、善创业的现代信息技术创新型人才。

2）确立教学模式改革的目标

教学模式旨在通过教学内容创新、教学手段创新、教学环境创新和课堂评价体系创新，让学生成为课堂的主人，让活动成为课堂的中心，让评价成为课堂的保障，让效能成为课堂的根本，形成以学生为中心，以学生能力为本位，以行业需求为导向的开放的课堂、展示的课堂、产品的课堂、和谐的课堂、自主的课堂、高效的课堂和快乐的课堂，从而实现培养学生 3 年，要为学生 30 年幸福生涯着想，要为民族 300 年发展着想的办学目标和培养行业青睐人才的教学模式改革终极目标。

3）明晰改革思路

成立教学模式改革工作的领导小组（其成员包括国内知名课改专家、行业专家、学校行政领导和教学经验丰富的一线教师），形成“大力宣传，营造氛围，先抓试点，逐步推进”的工作思路。建构以学生为中心、以任务为引领、以训练为主线、以能力为导向、以小组合作为主要教学形式的教学模式建设方案。

以“课程改革中心、教师发展中心、学生服务中心”三中心保障教学模式的运行、推广。确立现代信息技术专业群作为教学模式试点单位，激励广大师生参与教学模式改革。

总结、提炼、辐射、推广，形成教学模式改革相关的著述、课题和成果。

3.5.2　做好“双主体、双情境”实施方案

1）建立教学模式改革运行机制

成立专家课改领导小组，共同把脉“双主体、双情境”教学模式，主导、引领课改工作组织实施，处理决策课改过程中出现的重大事项，建立课改激励方案，调动全员参与的积极性。各相关职能部门协调配合，负责指导、协调督导课改工作，负责课改相关培训，确保课改项目的有效进行。各工作小组具体负责小组学科课改项目实施，制订学科课改项目方案，收集课改物化成果，对课改项目及时进行总结、反思。

2）以教研组为教学模式改革基点

实现以学生为本，打造“精品职教”教学模式，改革的关键在教师，核心在课堂。而教研组作为教师专业能力增进的重要舞台，是形成专业归属感与学科崇拜的发源地，应肩负起课改基点的使命。在课改领导小组的指导下，各教研组统一课改认识，强化课改意识，进行社会需求、岗位要求和生源情况调研，做到“五个面向，一个提高”（即面向社会需求、面向岗位要求、面向学生基础、面向职业技能、面向职业教育规律，提高职业人才培养质量）。明确教研任务，开展以学生为中心、以学生能力为中心的课堂教学技术和艺术研究，开发教材、学材，编写电子教案，制作多媒体课件，建立教学资源库，从智慧大碰撞的集体备课转向同中有异的说课、富有个性魅力的观摩课、示范课，从扬长避短的“温情”评课转向直指不足、提出改进措施的实效评课。教研组活动以老带新、以点带面，创新教研形式，丰富教学活动形式，形成课改课题，推动教师业务水平的整体提升，促进教研组的有效发展。

3）加强学生学习小组建设

加强学生学习小组建设，学习小组是按“组内异质、组间同质”的原则，根据班级学生性别比例、兴趣倾向、学习水准、交往技能、守纪情况等合理搭配的学习共同体，旨在促进不同程度的学生在小组内自主、合作、探究式学习，共同实现学习目标，并以小组的整体成绩作为评价和激励依据，是全面促进学生知识、能力、情感、态度、个性和谐发展的创新性学习组织。学习小组以自我建设为前提，优化内部分工，建立灵活的小组合作规则，如限制机会制，对特别强势的学生进行发言限制，让其他学生有展现自我的机会；如职责轮换制，组长、记录员、检测员、汇报员每周根据成员在组内活动的表现进行轮换，在小组合作中加入竞争。建立激励机制和奖惩机制，通过小组得分来量化管理，使小组成员充分意识到小组的综合实力是取得胜利的关键，任何一个成员的表现都与小组息息相关，形成组际间的合作、交流与竞争。通过组际间的展示与竞争，让学生全面参与、全员参与、全程参与，真正动起来，拥有更广阔的学习空间和更自主的学习权利。

4）构建具有中职特色课程体系

构建具有中职特色课程体系是推进“双主体、双情境”教学模式的内在要求。学校以育人为本，而课程是教育的核心，是育人的载体，是实现培养目标的基础和关键。构

建富有职业教育特色，零距离接轨行业，有利于学生综合职业能力发展的体系，为学生终身发展奠定坚实基础，不仅是推动课程改革和教学模式走向深化的内在要求，也是实施素质教育的重要举措。在现代信息技术专业群建设中，我们将国家规划教材和校本教材、配套资源包相结合，在教学指导委员会的引领下，广泛开展行业调研，组建教材开发团队，与企业联合开发核心课程校本教材，制订引入企业真实项目、以岗位流程为导向的课程标准，开发应用实训指导书和实训标准，使之成为学生学有所获、学有所有的有力保障。

5）建立网上教学资源库

充分利用现代信息技术资源，学校骨干教师和行业专家一起加强课程资源的开发，建立网上教学资源库，充分利用挂图、幻灯片、投影片、教学实录、视听光盘、典型案例、题库等形成集网络辅助教学、校园信息化、校园网络文化于一体的校园网络教学资源库。多媒体软件、题库、典型案例等资源创设形象生动的工作情境，实现在线学习、网上答疑、师生互动，使教学活动从信息的单项传递向双向交互转变，线上、线下互动，帮助学生从单独学习向合作学习转变，提高他们参与课堂学习的兴趣，提升他们从事专业学习和技能训练的自信心。

6）开发课堂评价体系

知识不是老师“教”会的，而是学生“学”会的；能力不是老师“讲”会的，而是学生“练”会的。“双主体、双情境”教学模式评价体系改变教师一言堂的传统，首次将学生作为课堂效能的评价主体。评价的内容以产品、作品为主。评价的主体是个人、小组或全体学生。教师评价应精炼，增大学生评价比例。评价的方法采用组内自评、小组互评或教师点评。评价的方式为课堂学习活动评比、学习效果自评、问卷调查、访谈、技能检测或鉴定。结合课堂教学模式创新的实践和校企联动的人才培养模式，开发出“双线”评价体系，从质化评价和量化评价两个角度在网上进行评价。质化评价是教学效能实现量化表述的质化与因素分析，主要是教学管理者听课时用。量化评价引进管理者、教师、学生三个评价主体，从知识、技能、素质三个维度进行评价，让学生在评价中找到自信，在评价中明确标准。

7）明确阶段任务推动课改

第一阶段：调研、学习。通过走访现代信息技术行业和同类中职学校，了解现代信息技术行业前沿信息，初步确立“双主体、双情境”教学模式，组织教师学习、讨论，认识到教学模式研究的必要性和重要性，增强教师的责任意识和参与意识，营造人人是参与者、人人是践行者的教学模式实施氛围。

第二阶段：实施、完善。加强备课研究。实施集体备课与个人备课相结合，加深教师对“双主体、双情境”教学模式的理解，积极开展新教学模式研究课活动。将推门听课和研究课、示范课相结合，将评价与信息反馈相结合，将创新与反思相结合，推进教师对新教学模式的娴熟运用。同时，学校开展大规模的优质课展示活动，设立奖项，鼓励教师积极参与展示活动。

第三阶段：总结、验收。收集“双主体、双情境”教学模式的原始资料，并加以总结、提炼、推广，完成现代信息技术专业群教学模式改革的验收任务。

3.5.3 对“双主体、双情境”教学模式的推广

1）推广的价值

“双主体、双情境”教学模式，立足于以职业为导向、以学生为本、以学生能力为本的课改理念，还课堂给学生，体现“四改变”“五突破”的教学模式改革亮点。

“四改变”：①学生地位改变。从课堂评价标准到课程所有的活动，学生都是主体。学生从被动接受变为主动参与；从听得多变为见得多、做得多。②教师角色改变。教师从教育专家变为行业专家；从讲解理论变为行动引导；从讲得多变

为启发学生多、动手多、操作指导多；从黑板、粉笔、讲台用得多变为练习多、深入企业时间多、走进车间指导实训多。③时间安排改变。课堂教学时间分配更合理；打破实践课的固定统一课时，根据行业需求和专业特点代之以一个个科学设计的活动模块，充分开展训练并完成训练任务。④学习环境改变。学习环境从理论课堂变为实践课堂（包括生产实习工厂、实习企业或工作室等）。

“五突破”：①教研活动有突破。将行业需求引进教学研究之中，突破纯教学理论和教学技术。②教材使用有突破。开发项目校本教材，校本教材提供“任务引导型”课程教学案例。项目校本教材不只是一本教材，而是“学习包”，包括教材、学习辅导材料、参考资料、课件视频音像资料等配套材料。③教学内容有突破。教学内容紧密联系学生的生活实际和行业的工作任务，从做中学、从做中教，实践教学内容增多，理论教学内容减少，实践中教理论，激发学生积极思维。④教学方法有突破。主要采用项目教学，用训练法代替讲授法。根据教学内容和学生实际，以学生为中心，恰当选择教学手段，合理运用教学媒体，实行能力训练，完成目标任务。⑤教学效果有突破。课堂上所学的理论和技能转换为在职业岗位实际工作的能力，提高了学生适应职场的能力，提高了课堂效能，提升了教师的教学幸福指数。

现代信息技术专业群进行的“双主体、双情境”教学模式改革和实践，一方面让学生在能力训练中体会快乐，在任务完成后享受成功，学生想学、想做、会学、会做，“潜能”“技能”“动能”三能并举；另一方面教师通过效能课堂这个窗口，提高了教育教学能力，将教学技术上升到教学艺术的境界，“做真人、育精品”，教学的“实效”“效益”和“效率”并重。更重要的是“双主体、双情境”教学模式改革和教育教学活动兼顾学生的职业生涯发展的可持续性，注重提升学生的社会竞争力和就业能力，使企业认为“学生能用好用”，培养行业青睐的人才。

“双主体、双情境”教学模式在实践中提炼升华，以教学实践为本，以教学理论为核心，以“双线”评价体系为效能保障，其可操作性和可复制性对重庆市中职学校开展教学模式改革具有一定的借鉴与启示作用。

2）创新成果

完善“双主体、双情境”教学模式解读方案，使其在教学实践中具有可操作性、复制性和推广性；基于安全性、先进性、灵活性、扩展性、易用性、及时性“六原则”设计开发出“双线”评估系统，实现评估体系的激励和导向作用；催化校企联动，课程标准、核心教程、教学资源库、教学模式改革论文、典型案例等一批教学成果脱颖而出。

3）推广活动

立足现代信息技术专业群试点“双主体、双情境”教学模式，通过教研组集体备课、教学资源共享、推门听课、公开课、示范课、赛课、学生座谈会等形式扩大“双主体、双情境”教学模式的影响力，同时借助媒体宣传、校报推广、校园电视台、主题活动等形式带动其他专业群参与课改。

提炼现代信息技术专业群建设“双主体、双情境”教学模式教改革的物化成果，通过外派教师到福州、成都等地的中职学校举办“双主体、双情境”教学模式座谈会，接待浙江、东莞教师团及献课等活动，充分发挥现代信息技术专业群的引领辐射作用。在推广活动中，同行们感受到了学生参与活动的主动性，感受到了 45 分钟的精彩、幸福与效能，切身领悟到了“让学生成为课堂的主人、让合作学习成为课堂的中心、让评价成为教学的保障、让效能成为课堂的根本”这一全新教学理念。

3.6 建立评价体系

3.6.1 建设背景

经过对中职特别是重庆市中职学校现有学生评价体系的调研，中职学生评价体系主要存在以下问题：

1）评价内容单一

重视学业成绩，忽视综合素质。绝大部分学校学生获得毕业证的唯一条件就是那张记录学生各科考试 分数的成绩单，仅对部分学校增加了德育考查内容。

2）评价方法单一

目前，学生评价体系中，仍然过多以分数为主要表现的定量评价，而忽视定性评价。虽然定量评价手段具有经济、实用、高效等优点，但不能真实地反映学生发展的现状及潜在的能力，不利于培养学生的创新精神和实践能力。同时评价中重结果，轻过程。多用终结性评价，而很少考虑对学生进行形成性评价。中职学生本来学业成绩就不够好，因而缺乏自信，以结果作为评价学生的唯一方式，不利于激发学生学习热情，最终会导致学生的恶性发展。

3）评价主体单一

目前大多数评价主体只有一维，即学校（教师），而职业教育是与社会联系最为紧密的教育，没有行业的参与，将导致我们培养的学生的能力与实际需要严重脱节。

4）评价功能失调

中职学生评价存在的一个显著问题就是评价功能失调，过分地强调甄别与选拔的功能，忽视改进、激励与促进学生发展的功能。

职业教育教学的质量是人才培养质量的基本保证。为了确保现代信息技术的人才培养质量，推动重点专业建设和改革，进一步提高学校专业教育的教学水平与管理水平，需开展评价模式建设试点工作。评价模式改革全面贯彻党的教育方针，把立德树人作为教育的根本任务，坚持育人为本、以学生为主体、以行业需求为导向，突出对学生道德素养、合作协调、学习习惯、职业能力、身心健康、创新意识等发展目标的评定，充分考虑职业教育人才培养的特殊性，遵循中职学生发展规律，开发更合理的评价标准，探索多主体参与模式，实现中职学生多元化评价，坚持以学生的实际表现为主要依据，以制度建设和社会监督为保障，建立学生、教师、学校、家长、行业企业共同参与的评定机制，客观反映学生的综合素质状况，充分发挥评价方案的教育功能，促进学生全面健康发展，体现中职学校和企业共同培养具有的“产、学、研”的职业教育特色，使学生学有所获、学有所用、实习能顶岗、创业有技术。

3.6.2 实施原则

“五体四维双线”评价体系为发展性评价，管理制度更注重体系的科学性、实践的易操作性，建构的系统性。其实施原则如下：

（1）多元化原则。

“五体四维双线”评价体系凸显了评价主体多元、评价方式多样、评价过程多层次的特点，采取学校评价、行业评价和学生自评、互评结合的方式，强化学生在评定中的应有地位，使评定过程成为学生、行业、教师和教育管理者共同参与的交互性活动，纠正单纯以文化课和专业技能成绩评定学生的做法，既注重学生文化素质和职业素质的评定，更注重学生基础性发展目标的评定。

（2）发展性原则。

关注学生的成长过程，把终结性评定与过程性评定有机结合，更加注重过程性评定，为学生全面发展提供帮助。关注学生对知识的理解和技能的掌握，尤其是运用知识在实践中解决实际问题的能力水平，重视规范操作、安全文明生产等职业素质的形成，以及节约能源、节省原材料与爱护生产设备，保护环境等意识与观念的树立。

（3）导向性原则。

引导教师改革教育教学方式，引导学生健康、主动、全面发展。坚持在评价中发现学生在学习过程中的闪光点，使学生获得自信和成功的体验，激发学生学习动机，诱发其学习兴趣，内化学生的人格，使学生积极主动追求成长进步。

（4）客观性原则。

做到客观、公正，实事求是。通过有说服力的翔实材料，对评定结果进行佐证。

3.6.3 建设目标

“五体四维双线”评价模式注重外部评价和自我评价相结合，充分体现主体多元：双线指评价方式“线上、线下”相结合；五个评价主体即“学生、教师、学校、家长、行业企业”；四个评价维度为“课程建设、教师教学、学生质量、机制保障”。多个评价主体通过各种途径，对学生职业化能力进行全面评价，形成一个科学有效的、具有可操作性的评价操作机制，从而促进学生职业能力的发展。

3.6.3 建设思路

在“五体四维双线”评价模式改革中，我们将建立以能力为核心的互动式学生评价模式，形成一套可操作的、评价指标详细的评价方案。在评价中应遵循以下原则：

1）多维、多方、多层次评价的原则

职业教育是为社会服务的教育。因此，在评价过程中我们应采取教师、学生和行业三维评价。不仅要评价学生学习的质量，还要综合学生、家长、教师、学校、行业企业等各方面的反馈结果实行多方评价。特别是要坚持过程评价及学生自评，才能使评价结果更具指导作用和监控作用，使中职教育质量不断提高。同时，评价应包括平时评价（课堂评价）、课程评价、作品评价等，立体、科学地对学生进行全方位的考核。

2）导向性与激励性相统一的原则

育人质量是职业教育的重中之重，制订体系测评的标准要符合社会发展的需要，评价结果要有效地促进学生个人综合素质的提高，评价标准必须是具有导向性和激励作用的。

3）科学性与可操作性相统一的原则

对教学质量作客观、准确的评价，制订的评价内容和指标就应具有一定的科学高度，要客观适度，每项指标力求既科学又易于操作，通过评价而得出的结果，能准确而全面地反映中职教育的实际水平和教学中存在的问题。

3.6.4 建设步骤

1）进行国内外职业教育学生综合素质的经验研究

课题组主要采取文献分析法，查阅了 43 篇相关论文、3 本专著，分析了国内外基础教育与职业教育相关研究成果和经验，得到如下评价发展趋势启示：①评价程序改变，更加注重过程评价。②评价功能改变，更加关注学生发展。③评价主体改变，更加倾向于教师、学生、社会甚至家长多主体的共同参与，职业教育特别强调企业的参与。④评价内容改变，创新智力多元化素质评价。这样就为课题研究指明了方向。

2）编制调查问卷，进行调查研究

为了准确把握与诊断中职学校学生职业能力培养的现状与问题，为制订评价标准提供科学依据，编制了针对教师、学生、行业、家长的 4 套问卷，对重庆市内外 10 所中职学校、20 家用人单位，包括 300 名在校学生、50 名家长、50 名教师、20 名企业人员进行了问卷调查及访谈。

3）确定评价内容、方式和主体，进行“五体四维双线”职业化能力评价建模研究在大量调研与文献研究的基础上，确定“五体四维双线”职业化能力评价模型。

4）确定评价标准与权重，进行“五体四维双线”职业化能力评价工具的开发本研究主要采用专家咨询法，邀请相关专家学者，根据相关依据与原则，进行评价模型的研讨，确定评价标准与权重，在此基础上进行线上、线下评价工具的开发。

5）进行中职学生职业能力评价的初步试点实践

在现代信息技术专业群实施“五体四维双线”职业化能力评价试点，实施分两次进行，期中与期末各一次。

6）总结反思实践过程

根据实施情况，进行修订修改，最终形成《中职学生“五体四维双线”职业化能力评价模式研究报告》，并向其他专业推广。

3.6.5 评价方式

1. 书面检测（线上、线下）：采用书面考试对学生的学习进行的一种评价，通过标准化与非标准化的测试了解学生对所学专业科目的掌握程度。

2. 口头表述：通过采取口头回答的方式进行考试，以检测学生对所学知识的把握、理解以及运用水平，相比较于书面检测而言具有更大的灵活性。

3. 实际操作：根据专业实际情况，通过实际的专业场景来考察学生的实际动手能力，通过实际操作明确学习目标与达成状况。

4. 项目评价（线上、线下）：校内专家学者根据学习任务的要求制定一定的项目类型，通过让学生分组参与完成，以考察学生的团体协作能力及专业应用能力。

5. 学生作品（线上、线下）：学生根据教师要求，独立完成规定的学习任务，展示自身的作品水平。

6. 档案袋法（线上、线下）：通过建立历史学习档案，对学生的学习经历进行全面客观的评价。历史学习档案一般由教师、学生及家长共同建设。档案内容主要包括：考试成绩、历史习作、调查报告、历史制作、历史学习过程中的各种表现、师生和家长的评语等。建立历史学习档案，有利于对学生的历史学习进行长期、稳定的综合考察和较为全面的评价。

7. 证书法：通过相关的专业考试，对于考试合格者予以专业证书，通过证书认证制度鼓励学生积极完成专业相关要求。

3.6.6 评价主体

“五体四维双线”评价体系注重外部评价和自我评价相结合，充分体现主体多元，包括学生、家长、教师、学校、行业企业。

1. 学生。学生按照学校评价体系的相关标准，对自己的学习目标、学习态度、专业技能掌握情况，行为习惯等关键指标进行自我诊断，了解自己的关键指标达标情况。通过自我反思，获得学习动力，养成良好的学习习惯，实现自我完善。

2. 教师。任课教师依据课堂教学目标，对学生的学习活动及其掌握情况进行评判，可使学生随时从教师那里了解自己，及时检查并调节自己的思维方式，学习方法和操作方式，继而产生新的学习动力。

3. 学校。德育处、教务处、招生就业办、专业部等部门分别就学生的行为习惯养成、知识基础达标情况、技能水平的等级情况等对学生进行专项评价，并制定出相关评价标准、方案，给学生给出评价等级或评价建议。

4. 家长。教育教学过程中，学校积极争取家长的参与和配合，建立学校、家长共同参与而形成合力的教育管理优势。家长需从诚信包容、感恩孝道、信息化技术的掌握和正确使用等方面对学生进行监督评价。家长通过与班主任电话沟通或填写家长《评价反馈表》的形式对学生进行评价。

5. 行业企业。学生在进行技能学习和实践的过程中，企业按照产业行业标准，对学生在实践实习期间的工作态度、出勤情况、作品意识、创业意识、作品等多个方面进行考核，在学生实习手册中作出相应评价。行业企业评价有利于学生掌握与工作场景接轨的技能和素养。

3.6.7 评价量化样表

重庆市龙门浩职业中学

“五体四维双线”毕业生评价鉴定表

<table>
<tr><td rowspan="4">基本情况</td><td>姓名</td><td></td><td>性别</td><td></td><td>年龄</td><td></td></tr>
<tr><td>专业</td><td></td><td>班级</td><td></td><td>入学时间</td><td></td></tr>
<tr><td>QQ</td><td></td><td>手机</td><td></td><td>邮箱</td><td></td></tr>
<tr><td>填表时间</td><td></td><td>班主任</td><td></td><td>校历</td><td></td></tr>
<tr><td>出勤</td><td>病假</td><td></td><td>事假</td><td></td><td>旷课</td><td></td></tr>
<tr><td colspan="7">一、学科课程学习情况</td></tr>
<tr><td rowspan="22">达标情况</td><td>类别</td><td>性质</td><td>科目名称</td><td>结业成绩</td><td colspan="2">等级</td></tr>
<tr><td rowspan="9">公共基础课</td><td rowspan="2">德育</td><td></td><td></td><td colspan="2"></td></tr>
<tr><td></td><td></td><td colspan="2"></td></tr>
<tr><td rowspan="7">文化基础</td><td></td><td></td><td colspan="2"></td></tr>
<tr><td></td><td></td><td colspan="2"></td></tr>
<tr><td></td><td></td><td colspan="2"></td></tr>
<tr><td></td><td></td><td colspan="2"></td></tr>
<tr><td></td><td></td><td colspan="2"></td></tr>
<tr><td></td><td></td><td colspan="2"></td></tr>
<tr><td></td><td></td><td colspan="2"></td></tr>
<tr><td rowspan="12">专业课</td><td rowspan="12">专业核心课</td><td></td><td></td><td colspan="2"></td></tr>
<tr><td></td><td></td><td colspan="2"></td></tr>
<tr><td></td><td></td><td colspan="2"></td></tr>
<tr><td></td><td></td><td colspan="2"></td></tr>
<tr><td></td><td></td><td colspan="2"></td></tr>
<tr><td></td><td></td><td colspan="2"></td></tr>
<tr><td></td><td></td><td colspan="2"></td></tr>
<tr><td></td><td></td><td colspan="2"></td></tr>
<tr><td></td><td></td><td colspan="2"></td></tr>
<tr><td></td><td></td><td colspan="2"></td></tr>
<tr><td></td><td></td><td colspan="2"></td></tr>
<tr><td></td><td></td><td colspan="2"></td></tr>
</table>

<table>
<tr><th colspan="6">学科课程学习情况</th></tr>
<tr><td rowspan="13">达标情况</td><td>类别</td><td>性质</td><td>科目名称</td><td>结业成绩</td><td>等级</td></tr>
<tr><td rowspan="8">专业课</td><td rowspan="8">专业方向课</td><td></td><td></td><td></td></tr>
<tr><td></td><td></td><td></td></tr>
<tr><td></td><td></td><td></td></tr>
<tr><td></td><td></td><td></td></tr>
<tr><td></td><td></td><td></td></tr>
<tr><td></td><td></td><td></td></tr>
<tr><td></td><td></td><td></td></tr>
<tr><td></td><td></td><td></td></tr>
<tr><td rowspan="4">选修课</td><td></td><td></td><td></td><td></td></tr>
<tr><td></td><td></td><td></td><td></td></tr>
<tr><td></td><td></td><td></td><td></td></tr>
<tr><td></td><td></td><td></td><td></td></tr>
</table>

<table>
<tr><th colspan="6">实践实训以及作品成绩</th></tr>
<tr><td>序号</td><td>实训任务（作品名称）</td><td>平时成绩</td><td>结业成绩</td><td>毕业成绩</td><td>等级</td></tr>
<tr><td></td><td></td><td></td><td></td><td></td><td></td></tr>
<tr><td></td><td></td><td></td><td></td><td></td><td></td></tr>
<tr><td></td><td></td><td></td><td></td><td></td><td></td></tr>
<tr><td></td><td></td><td></td><td></td><td></td><td></td></tr>
<tr><td></td><td></td><td></td><td></td><td></td><td></td></tr>
<tr><td></td><td></td><td></td><td></td><td></td><td></td></tr>
<tr><td></td><td></td><td></td><td></td><td></td><td></td></tr>
</table>

<table>
<tr><th colspan="5">三、“五体四维双线”指标成绩</th></tr>
<tr><td>一级指标</td><td>二级指标</td><td>等级</td><td>得分</td><td>班主任鉴定</td></tr>
<tr><td rowspan="4">A
人文修养</td><td>A1 品德修养</td><td></td><td></td><td rowspan="17"></td></tr>
<tr><td>A2 审美能力</td><td></td><td></td></tr>
<tr><td>A3 健康指标</td><td></td><td></td></tr>
<tr><td>A4 专业品质</td><td></td><td></td></tr>
<tr><td rowspan="3">B
知识基础</td><td>B1 课堂表现</td><td></td><td></td></tr>
<tr><td>B2 项目表现</td><td></td><td></td></tr>
<tr><td>B3 学科成绩</td><td></td><td></td></tr>
<tr><td rowspan="5">C
技能水平</td><td>C1 实践实训</td><td></td><td></td></tr>
<tr><td>C2 作品制作</td><td></td><td></td></tr>
<tr><td>C3 技能竞赛</td><td></td><td></td></tr>
<tr><td>C4 技能鉴定</td><td></td><td></td></tr>
<tr><td>C5 顶岗实习</td><td></td><td></td></tr>
<tr><td rowspan="5">D
职业素养</td><td>D1 学习能力</td><td></td><td></td></tr>
<tr><td>D2 信息化技能</td><td></td><td></td></tr>
<tr><td>D3 产业文化</td><td></td><td></td></tr>
<tr><td>D4 企业意识</td><td></td><td></td></tr>
<tr><td>D5 职业安全</td><td></td><td></td></tr>
</table>

续表

一级指标	二级指标	等级	得分	班主任鉴定
	D6 质量意识			
专业部鉴定			学校鉴定	

重庆市龙门浩职业中学

“五体四维双线”毕业评价报告

一、评价对象基本信息					
姓名		性别		年龄	
专业		班级		入学时间	
QQ		手机		邮箱	
二、本评价简介					
评价时间	评价目的	诊断性		总评价人	
		结论性			
评价类型	基础诊断	课堂评价	项目评价	学科评价	半期评价
	学期评价	学年评价	顶岗评价	毕业评价	
评价方法与工具					
评价简述					

三、学科成绩统计				
序号	科目	得分	等级	备注
1				
2				
3				
4				
5				
6				
7				
8				
9				
10				

三、学科成绩统计				
序号	科目	得分	等级	备注
12				
13				
14				
15				
16				
17				

续表

序号	科目	得分	等级	备注
四、一级指标数据分析与说明				
人文修养				
知识基础				
技能水平				
职业素养				
五、学习发展性建议				

3.7 加强校企合作

校企合作是中职学校培养实用型人才的最有效手段，是提高教师、学生实践能力的最佳方式，它既是中职教育接轨市场、适应市场对中职教育的要求的有效突破口，也是提高人才质量和办学效益、服务社会经济发展的有效切入点，能为同时为企业培养高素质技术应用型人才，实现校企的互利互惠，形成学校、企业、学生三赢的校企合作办学愿景。加强现代信息技术专业群校企合作应从以下几个方面入手：

1）校企共建实训基地

以企业生产促进实训教学，现代信息技术专业群实训课程引入了企业真实的运营业务。根据企业的需求，结合中职学校人才培养方向，企业参与建设了现代信息技术运营中心、产品制作中心和客服中心等真实场景，完成了现代信息技术专业群平台的部署，将企业理论和文化融入实训教学中。真实的场景、真实的体验，它是巩固理论知识和加深对理论认识的有效途径，是培养具有创新意识的高素质工程技术人员的重要环节，是理论联系实际、培养学生掌握科学方法和提高动手能力的重要平台，有利于学生职业化素养的提高和正确价值观的形成。

2）校企共建教学资源

企业参与教学资源的开发有助于提高人才培养目标的准确性，有助于学生实训、实习、就业工作的开展。根据现代信息技术企业行业对人才的岗位分析和能力需求，学校与企业共同开发现代信息技术专业群核心课程及资源，主要包括现代信息技术专业群专业能力标准、人才培养方案、课程标准、核心课程教材及教学资源包等。通过企业参与开发教学资源，能够更好地将现代信息技术专业的职业化素养渗透其中，对培养学生的职业化技能、职业化道德、职业精神和价值有较大的帮助。

3）引入全国现代信息技术企业产业链资源

以校企合作为核心理念，引入全国现代信息技术企业产业链资源，建设服务职业教学改革与区域经济高度融合的现代信息技术供应链人才、企业培育基地。通过校企共建实训基地，为全国现代信息技术企业产业链资源实践教学管理工作的开展提供了新平台。实践教学的管理工作不再局限于学校内部，还包括校外企业等社会教学资源的获取和管理。实践教学管理理念要与时俱进，由单纯的管理向服务和合作转变。企业参与实践教学管理，协助学校完成现代信息技术专业群调研报告、专业建设方案和人才培养方案，完成招生、课堂教学、综合实训、企业实践、职业能力认证、创业就业等全部教学与就业环节；建设以实践教学为核心的课程体系，将职业化素养和创新创业课程植入学校课程体系；研究、落实现代学徒制顶岗实习制度，由企业为学校提供校外顶岗实习基地和企业指导专家。

4）开展师生团队培训

现代信息技术是一门实践性、创造性较强的学科，现代信息技术专业群涉及多个领域的知识，一个真实的现代信息技术运营项目需要团队协作。实训课程应根据专业设置，将“企业搬进课堂”开展生产教学。企业导师带领学校师生团队身临其境地感受针对现代信息技术岗位、流程和任务的实训项目。通过行动参与式、模拟式、体验式和情景式等多种教学方式，体现在实践教学中寓教于学、寓学于练、寓练于做的“教、学、做”的融合，以学生为中心，让学生自主学习，自我建构知识和能力体系，在实践中提升应用能力、管理能力、决策能力、创新能力和解决问题的能力，实现教学过程的“校企结合”“产教结合”和“工学结合”。企业定期开展师资培训，提供顶岗实习基地，协助学校打造一支富有团结协作和改革创新精神的专兼结合的“双师型”教学团队。

5）开展实习就业指导

为社会培养具有综合职业能力，在生产服务一线工作的高素质劳动者和技能型人才是中职学校人才培养的基本目标，企业参与教学实践与管理，提供在校的理论课程学习、岗位技能学习、实验实训、企业顶岗实习与就业一系列的指导，培养学生就业意识，规范学生职业行为，辅导学生制订职业生涯规划，挖掘学生的创业意识，企业需要提供专业对口的实习就业岗位。通过企业的指导，降低职业学校的人才输出成本，提高毕业生的专业对口就业率，有效控制人才供求过程中的成本，促进资源互用和实现利益最大化。

6）签订校企合作协议

校企合作本着“优势互补、资源共享、互惠三赢、共同发展”的原则，学校负责现代信息技术专业群学生的招生与教学管理工作，企业负责完成校企共建学校、行业、企业合作创新创业人才培养专家委员会，负责指导学校现代信息技术专业群实训基地的建设规划与整体推进。企业提供现代信息技术专业群运营平台、物流及供应链的支持，提供师资培训、学生实训以及现代信息技术创新创业课程的保障，为学校培养现代信息技术行业的双师型教师，为合格学生提供实习、就业岗位，为师生提供创业平台以及产品、创业融资担保，指导师生开展现代信息技术创业工作。校企双方共同制订教学质量的监督制度，并邀请教育主管部门、现代信息技术行业企业专家、师生及家长等团体或个人对教学质量进行多方评价。通过签订校企合作协议，深入开展校企合作办学，既增强了学生的实际动手技能，提高了企业的人才竞争优势，也促进了学校现代信息技术专业教学的发展。

3.8 打造师资队伍

当专业建设与行业息息相关后，师资队伍的建设便已不再是学校单向的工作，而是一项复杂工程。然而，师资队伍的建设是教育教学质量的关键，是学生职业化培养的关键，是专业健康发展的关键，师资职业化培养的成功与否，决定了专业建设的成功与否。

1）明确人才培养对专业教师能力的要求

调研是专业建设改革的奠基石。通过科学合理的调研，取得系列数据，据此完成的调研报告，可以明确专业办学发展方向，确定人才培养定位，再根据人才培养定位来确定对专业教师的能力要求。

准确地说，师资调研数据应取决于两大方面：一是学校的师资情况调研数据；二是企业的培训师资情况调研数据。二者互为补充，从师资比例、学历、专业对口比例、专业技能等方面进行数据整理，加以分析，摸清师资现状，将其结果与学生职业化人才培养要素进行比对，确定师资培养定位，形成师资情况调研报告。

根据《职业学校教师专业能力标准》，职业学校教师专业能力标准体系见下表。

一级指标	二级指标	三级指标
1 本体性能力	1-1 专业知识与技能素养	1-1-1 文化知识素养
		1-1-2 专业知识素养
		1-1-3 “双师型”能力
2 条件性能力	2-1 职业学校教师职业的有关素养	2-1-1 职业道德素养
		2-1-2 教育法规素养
		2-1-3 教学自我管理能力
		2-1-4 班级管理能力
	2-2 职业教育基础知识基本技能素养	2-2-1 现代职业教育观念
		2-2-2 把握与借鉴课改动态的能力
		2-2-3 认识把握职校生身心特点的能力
		2-2-4 职业学习规律认识把握能力
		2-2-5 职业教育质量测量与评价能力
		2-2-6 学分制和弹性学制认识能力
3 实践性能力	3-1 职业教育实践基本技术与方法能力	3-1-1 专业课程设置能力
		3-1-2 教学设计能力
		3-1-3 教学实施能力
		3-1-4 表达能力
		3-1-5 德育指导能力
		3-1-6 课外实践活动指导能力
		3-1-7 心理指导能力
		3-1-8 就业指导能力

续表

一级指标	二级指标	三级指标
3 实践性能力	3-2 现代教育技术能力	3-2-1 教育信息与计算机网络技术素养
		3-2-2 教育技术应用能力
	3-3 操作性实践与指导能力	3-3-1 课程标准修订与学习
		3-3-2 教材教法指导
		3-3-3 反思性实践能力
	3-4 教育科研能力	3-4-1 教育科研能力

由上表可知，专业教师的特定能力主要是本体性能力及实践性能力。人才培养方案的制订，不仅明确了学生能力培养的目标，同时也对专业师资提出了更高要求。

2）分析专业教师结构

① 专业教师的结构分析，应立足于专业办学规格、专业人才培养方案、专业发展基础，主要从年龄结构、学科结构、学历结构、职称结构、性别结构、人才结构、专业结构、能力结构、知识结构等方面进行数据统计及量化分析。数据分析可扩大范围进行比对，如全市乃至全国范围。数据分析是专业建设管理规范化、科学化的前提。

② 教师的专业发展主要为 5 个方向：专业知识、专业技能、科研能力、专业精神、职业道德。专业教师结构的数据分析，一方面有利于确立发展目标，使师资结构合理分布；另一方面更有利于通过分析找出教师结构存在的主要问题，发掘教师 5 大方向的培养需求和个性化需求，并就存在的问题制订解决措施。

3）明确师资队伍建设的目标

制订师资队伍建设目标，应把握以下几项原则：

① 具有可行性。制定目标，应结合实际，不可好高骛远。所谓实际，即行业发展实际水平、区域行业发展实际情况、学校专业办学水平及专业师资原有基础，应做到脚踏实地、切实可行。

② 具有前瞻性。制定目标的前提是应紧跟国家政策与行业发展趋势，统领全局，高瞻远瞩，既能结合实际情况稳步前行，又能紧密联系行业发展，把握专业发展规律，制订出具有前瞻性的发展目标。

③ 具有灵活的可操作性。教师是鲜活的个体，个性不同，思想纷呈，特长各异，制定目标也应适当把握灵活度，而不可要求整齐划一。

每个团队的师资队伍建设目标都具有个性，也有共性，但以共性居多，一般应从以下各方面进行制订：师资队伍培训工作；各级骨干教师的培养工作；“双师型”教师的培养工作；师资队伍结构合理化；师资队伍建设的制度保障工作。

师资队伍建设的目标受社会、行业、学校发展目标、专业建设目标、办学条件等诸多要素的束缚，在目标的制订上，各个学校要根据自身办学特色及优势进行，要在长期目标的基础上，适当制订短期目标，确保目标具有可行性。

4）师资队伍打造方式

（1）多种培训方式相互结合

① 企业顶岗培训：企业顶岗培训是迅速提升专业教师实践能力的首选培训方式。这种采用专业教师走进企业生产一线的方式，可以让专业教师打开封闭的学校教学生活，体验社会企业的专业生活，真实感知岗位需求，从而迅速更新专业知识，强化技能水平，提升专业素养，有效提高实践教学能力，使他们在该专业课程改革等方面发挥示范作用。

② 高校进修培训：按照一定的选派标准，让一些专业教师到国内具备该专业培训条件的高等学校进行进修培训，采取集中研修和专项研修的方式，可以有效更新教师职业教育观念、深化专业知识、拓展专业视野，为专业建设提供人才支持。

③ 研究生学历培训：选派教师到国内具备提升学历条件的高校进行研究生进修培训，让他们采用在职自学，函授为主、脱产为辅的方式学习，可以有效提高教师的教育教学能力和水平，使他们在该专业课程改革中发挥带头作用。

（2）组织管理科学化

① 有效的师资培养工作离不开科学的组织领导。因此，可根据项目的总体要求，学校或者部门负责统筹协调培训项目的学员遴选、组织管理、评估考核和信息反馈等工作，为教师培训项目的顺利开展提供支持。

② 整合优质培训资源，实现效果的最优化。可建立“专业师资培训计划”项目培训专家库，形成动态调整机制，优化队伍结构，提高队伍水平。组织开发优质培训资源，加强专业课程资源建设。

③ 实行项目招投标机制。实行招标或邀标机制，按照“公开、公平、公正”的原则，严格项目申报和审批程序，遴选符合条件的国内外高等学校、具有培训资质的企业承担培训任务，确保项目培训质量。

（3）“内培外引”

“内培”，是加大师资建设力度，完善教师培训进修制度，有计划地安排教师到国内外高校学习，送入行业研修培训，提升学校或部门内部各种培训的有效性。

“外引”，是从高等院校或企业一线聘请专家，强化实践教学，促进本专业教师知识更新和研修能力的提升。同时，引进行业技术能手，以他们精湛的专业技能、丰富的社会知识和实践经验，带动更多校内教师学习专业新知识、提升专业技能。

（4）工作室方式

工作室方式可分两类，一类为骨干优秀教师工作室，一类为专业工作室。工作室方式，是以提升教师专业能力和专业品质为重点，使理想目标与客观实际相结合、理论研究与实践探索相结合、自我学习与互动交流相结合、课例研讨与专题研讨相结合，使教师在研究中成长，在实践中提升，在合作中前进，从而达到师资能力提升的目的。

（5）“双薪双聘”项目方式

找准校企双方的利益点，突破友情合作的局限，从校外紧密型实训基地和“校中企、企中校”生产实训室及线上项目发布、运营、推广等方面开展多维空间合作，在企业真实项目生产、运营中达到校企双赢。创建“双薪双聘”联动平台，加强人才队伍的建设。

“双薪双聘”即选送优秀专业教师到企业进行 1 年以上的挂职锻炼，在学校待遇不变的情况下，通过参与企业商业项目获得企业薪酬；采用项目制吸引行业高层技术人员和管理人员到学校担任客座教师或兼职教师，并付给他们第二份薪酬。并以此联动平台为基础，实施知识与项目对接、教学与实训融合，教师整体策划、全程指导的现代学徒制培养模式，完善应用型人才孵化。

3.9 完善专业群环境

1）职业化硬件环境打造

现代信息技术职业化硬件环境将现代信息技术行业、企业的发展趋势和中职学校现代信息技术教学相结合，在专业教学理念、人才培养模式、课程体系、实训教学环境等方面，通过校企业合作、引企入校等多种途径，为学生提供更多实践体验的机会，为教学实训提供条件。学校依托重庆市重点专业建设的契机，打造基于企业岗位需求的现代信息技术专业创新创业实训基地。

4 专业群建设实践成效

重庆市龙门浩职业中学校数字媒体专业于 1982 年开始设置，2014 年初被重庆市教委确定为重点特色建设专业，从无到有，从小到大，稳步发展。2018 年，将计算机八大专业合并为现代信息技术专业群。在两年示范专业群建设过程中，紧紧把握“职业化”建设理念与方向，加强项目各板块制度建设，以人才培养职业化、教学资源职业化、师资职业化、专业环境建设职业化为主要落脚点，深入现代信息技术企业反复研讨，建立人才培养质量联盟，最终取得了如下主要成效。

4.1 人才培养成效

1）形成职业化人才培养方案，培养现代信息技术技能型人才现代信息技术专业“三实”人才培养方案，突出“创意、创造、创业”的三创内涵。“有创意”即融合互联网＋，主要表现为有新思想、新设计，有独创精神；“能创造”主要表现为项目任务的原创性，有新发现与新突破；“善创业”表现在创业意识和勇气、商机把握、创业路径探寻和自主创业能力。体现在培养方案上，我们坚持实学、集成、创新的原则，坚持培养方案的先进性和科学性，以面向现代化、面向世界、面向未来为指导思想，注重职业道德与素质，强调知识内容的基础性、系统性与先进性。

2）打造“双主体、双情境”育人模式

“双主体”是指实施课堂教学的主体为学校与企业，“双情境”即教学情境和生产情境。在教学中，将现代信息技术企业的真实项目引入课堂教学中，使学生“7 个阶段”中，通过完成真实的项目任务。

在专业群建设中，加强校企深度合作，以信息化教学助推课程资源建设，依托富媒体以及 VR 技术，支撑专业教学资源的开发和完善，开发建设课程资源，以平台整合、资源集成、课程使用与管理为重点，完善优质信息化教学云平台；充分利用学校教学实训、企业生产、项目实践、产品开发、创新创业教育等，形成以实际经验、实践能力、项目建设、产品研发为主的“2121 产、学、研”专业群校企联动人才培养模式；通过组建专业建设指导委员会、校企合作联盟、信息技术职教集团等，探索并实践校企协同育人平台、现代学徒制、企业“订单班”等多种人才培养形式，大力推行现代学徒制班、校企合作班，与重庆巨蟹数媒公司共同探索建设协同育人机制，并与高校合作“3+4”“3+2”等融中高等教育于一体的人才培养形式，真正实现“双平台、双情境”育人。

3）建成以企业项目为载体、岗位流程为主导的课程体系

通过对典型现代信息技术企业的调研，确定现代信息技术专业对应的岗位群、岗位能力和主要工作任务，分析归纳职业能力，引入行业企业技术标准和职业资格标准，以

企业项目为载体、岗位流程为主导，按照“工作岗位—工作任务—职业能力—典型工作任务—课程体系”对应、递进的方式，构建现代信息技术专业课程体系，并开发以“职业基础力+学习力+研究力+实践力+创新力”为立足点的专业核心教材及与之配套的教学设计、PPT、微课、素材、课堂实录、题库等课程资源。

同时，选取企业项目提炼升华为学习领域，规避了理论知识、技术实践、实际工作分离的矛盾，根据现代信息技术专业特点，坚持“学生中心，能力目标，载体适用”的原则，充分利用区域现代信息技术发展和现代信息技术专业建设的契机，将承接企业项目任务和开发课程体系相结合，开发突出职业特点和岗位流程的课程体系，使学生在完成企业真实项目和课程学习的过程中，了解项目工作机制、工作环境以及完成项目任务所需要的专业能力、专业素养，完成从学校人到企业人的转变，成为受欢迎的职场新人。

4）“五体四维双线”评价模式

现代信息技术双线评价模式不再局限于企业评价、教师评价和学生互评，而是开发相应的评价工具，增设了线上项目完成质与量的专业评价和线下作业、策划方案、拍摄作品等量表评价，增强了评价模式的可操作性。

4.2 资源建设成效

1）建立开发共享型资源库平台

我校通过现代信息技术重点专业建设，完成了两个共享型教学资源库平台的建设，即网络教学平台、多媒体教学资源库管理平台。共享型教学资源库平台建设以校园网为基础，利用网络资源的共享性，有效集中各种教学资源，使学校的教学资源发挥最大的潜力。

（1）开发教学平台

以“课程教学”为核心，支持课程长期滚动建设以及教学资源的积累与共享，支持教与学过程跟踪统计，实现教学过程与评价展示相结合。教师可以将教学所需的指导文件、课程教学基本要求、任务书等上传本地形成教学基础信息。教师可按照自身教学的目的灵活运用教学资源，在线编辑教学讲义，极大地提高了教师备课的效率，使教师把精力从制作课件的细节中解放出来，专注于教学内容的构思。

（2）开发多媒体教学资源库管理平台

多媒体教学资源库集资源积累、管理、共享和使用于一体，拥有简单、便捷的查询检索方式和丰富的教学资源，提供资源浏览、资源查询、资源下载、资源上传、资源评价和个人资源库等功能，教师可方便地将自己搜集编写制作的论文、教案、课件、试题、素材、软件、图书等快速上传到资源库，实现教学资源的共建共享。其主要内容包括专业教学目标与标准、精品课程体系、教学内容、实习实训、教学指导、学习评价等共享型优质教学资源，并通过多种上传方式进行资源的自我积累。开放教学资源环境，为学生搭建自主学习平台。

2）开发一系列教学资源

以企业项目为载体、岗位流程为主导，按照“工作岗位—工作任务—职业能力—典型工作任务—课程体系”对应、递进的方式，构建现代信息技术专业课程体系，并开发以“职业基础力＋学习力＋研究力＋实践力＋创新力”为立足点的《数字媒体基础》《图形图像处理》《三维动画制作》《影视后期制作案例教程》《电子竞技概论》《电子竞技解说》六本专业核心教材及与之配套的教学设计、PPT、微课、素材、课堂实录、题库等课程资源。

3）形成一整套资源建设的经验

在现代信息技术重点专业建设过程中我们得出如下的经验：

资源库的建设如果没有强有力的制度和机制保障，是很难成功的。

① 应成立资源库建设数据小组。小组应由校长、分管领导、计算机老师、一线教师代表等组成。应职责清晰，分工明确，共同建设并维护好资源库，使之发挥最大作用。

② 应重视计算机专业教师的培训工作。资源库建设的成功与否，能否发挥作用，很大程度上取决于计算机专业老师的工作。

③ 应发动广大一线教师共同来建立维护资源库。资源库的使用者就是广大一线教师，他们既有教育教学的基本理论，又有教学实践，他们切实了解教学的实际需要。可以由各分管领导牵头，集中学校有多年教学经验的一线老师，充分调动教师制作资源的积极性，来不断充实资源库，使之形成良性循环。

4）形成资源使用、升级、管理、维护制度及方案

教学资源库能否发挥效益，只有在教育教学的过程中才能体现出来。因此，要想教学资源库建设得好，就必须应用于教学实践中，不断完善。资源库建成后，可对全体教师进行培训，教会教师们如何使用教学资源库进行文件的上传与下载，同时强调使用的规范性。学校要采取多种形式，积极引导广大教师利用和开发教学信息资源，在教学应用中充分发挥资源的效益，扩充、完善资源库建设。

资源库的建设是一项系统工作，是不断完善的。许多学校把资源库的系统建好，随便输入几条测试数据，就算完成了全部工作，而忽略了对资源库的长期持续更新维护，只有更新维护好资源库，才是真正完成了资源库的建设。

资源库平台支持有权限的人员可以实时更新资源库（更新维护主要是指增加、修改、删除资料的工作）。随着教学的需要，我们要对资源库里的资料进行相应的操作，让我们的资源库符合时代潮流的发展，符合新时代教学的要求，这样才能更好地让资源库为教师服务，我们建设的资源库的生命力就得到了延续。另外，需要对教学资源库进行数据备份，万一系统有异常，数据依然存在。

4.3 师资建设成效

职业化师资队伍建设，坚持“校企合作、专兼结合、内培外送、顶岗实践”的原则，以中青年专业骨干教师建设为重点、“双师型”教师队伍建设为基础，搭建师资队伍建设“立交桥”，着力打造一支专业带头人、骨干教师和行业企业技术专家、能工巧匠组成的专兼结合的“双主体、多元化”的师资队伍。

1）制订“立体型”师资培养方案，彰显师资队伍建设内涵

充分利用学校的人力、物力、财力，使长远目标与现实要求兼顾，把培训、教研、教学融为一体，加速愈合教师队伍的“断层”现象。同时，制订《现代信息技术师资队伍建设方案》，明确培训目的、内容、形式及培训对象遴选标准，培训效能验收标准，多渠道提高教师职业能力：鼓励教师读在职研究生，提升师资队伍学历层次和业务能力，促进专业前沿发展；培养市区级专业带头人、骨干教师，以内培为主、外培为辅，通过国内进修、学习，参加国内外学术会议和行业交流，到企业挂职锻炼，编写工学结合特色教材等方式，培养教学、科研能手；分层开展青年教师培训，依托知名高校雄厚的师资队伍，提高教师的职教理论水平，促进教师专业素养提升；采取轮训的方式，有计划地安排教师深入现代信息技术企业，利用职业岗位技能培训、顶岗实践、短期技术培训、进修等途径，积累实际工作经验，强化实践技能，提高教师的实践能力。

在重点特色专业建设期间，分别派送 4 批教师赴义乌、成都、杭州及重庆参加企业实践培训及高校培训，14 位教师获得现代信息技术从业人员资格证书，4 位教师获得速迈通跨境现代信息技术从业人员资格证书，培训效果显著，大幅提升了现代信息技术专业师资水平。重庆龙门浩职业中等学校现代信息技术专业教师多次在全国及市级现代信息技术技能竞赛中荣获国家级、市级一等奖。

2）构建“双聘双薪”联动平台，拓展校企合作多维空间

在建设重点特色专业的过程中，不断与企业探讨，共同摸索，创建“双薪双聘”联动平台。“双薪双聘”改变过去学校、企业完全不对等的关系，既让优秀的专业教师在理论提炼上为企业贡献力量，加强了教师人才队伍的建设，又引进企业专家来带动专业教师，实施知识与项目对接、教学与实训融合，以师带徒，以老带新，教师整体策划、全程指导的现代学徒制培养模式，加深校企合作，营造职业化师资队伍成长的氛围，有力地提升了教师的专业水平。

3）建立行业名师资源库，确保专职技术人才储备量

为实现学校教育与职业技能的对接、行业和企业技术岗位标准与学校专业建设对接，完成从教材开发、课程设置、师资培训、实训设备研发、实训基地建设和学生顶岗实习、就业安置等全方位合作，形成校企资源整合的共赢，优化现代信息技术专业教师结构，打造“产、教、研”校企联动的教师队伍，本专业建立了囊括重庆市现代信息技术行业、企业高技能人才和社会能工巧匠的行业名师资源库，编制名师档案，细化行业名师的专业特长和专业优势，确保专职技术人才的储备量，充分发挥行业名师对专业建设的引领作用，优化师资结构，为学校发展提供人才和方向的保证。

4）搭建职业技能展示的平台，促进师资队伍整体提升

以提高职业学校教师课改能力、培养“双师型”职业化专业教师队伍、促进教师专业化成长为目标，鼓励教师积极参加国家、省、市各级各类培训、进修、观摩、研讨、竞赛等活动，引导和推动教师学习并掌握教育基础理论，熟悉教育法规和教师职业道德规范，提高教育教学的能力和实际操作指导的能力，制订加强教师队伍建设的目标任务和具体措施，大力开展听课、评课、说课活动，加强校本教研制度建设，积极搭建平台，鼓励教师参加公开展示课、优课评比、技能比赛、论文评比等活动，促进教师专业化成长。

4.4 校企合作成效

引知名企业入校园，建立校企合作长效机制。坚持“产、学、研”校企联动的人才培养模式。以“七定位”“六共同”的校企合作原则，与重庆市现代信息技术行业知名企业联合办学，以企业冠名建精品班，建现代学徒制中心和虚拟仿真跨专业教学实训区，结成利益共同体，以课程改革为突破口，培养学员“职业核心能力”“专业基本能力”“专业核心能力”“职业拓展能力”，定型了六大亮点。

1）成立现代信息技术专业指导委员会及校企联盟，共同定位人才培养

为适应本专业建设、发展的新形势和以行业需求为导向的人才培养目标，实现教学管理现代化、教学科学化，学校走访了市内 50 多家企业，牵头成立了“重庆市现代信息技术专业指导委员会”。行业专家与学校主管教学领导、专业负责人共同制订专业培养目标和教学基本要求，组织、指导学校专业教师参与教学改革。与企业签订校企合作协议，制订校企合作计划和考核办法，为校企合作提供经费保障。学校在办学过程中，坚持“产、学、研”校企联动的人才培养模式。以“七定位”（市场定位、就业定位、校企合作定位、师资定位、课程定位、教材定位、教学定位）“六共同”（共同确定人才培养目标、共同确立教材内容、共同制定教学方案、共同参与教学管理、共同作出教学评价、共同研制开发生产现代信息技术产品）的校企合作原则，与企业建立校企联盟，形成紧密型校企合作长效机制。

2）建校企联动实训基地，提高学生实作能力

通过多元办学、联合培养、科研合作、师资共享，建立校企联动实训基地。针对现代信息技术专业拥有紧密型基地相对较少的现状，加大外联力度，积极拓展校企的联系，合作方式从单一到多元，并且和合作学校、企业、园区共同在基地硬件建设上增大投入，打造全市，乃至全国领先的基地，充分实现基地产、学、教、研功能。

（1）建设校内开放共享型实训基地。整合资源，重点打造了国家级高水平人才培训基地、重庆市电子竞技人才孵化基地以及网络信息安全、计算机硬件检测维修与数据恢复 3 个专业技能实训基地，建设了虚拟现实（VR）、数字媒体艺术 2 个创新实训中心，建设 VR 科普体验中心等。

（2）建设校外产教融合实训基地。以校企联盟为平台，以产训双模一体为架构，深入产业链，和华为、网龙等龙头企业深度合作，重点打造建筑动画、虚拟现实（VR）、影视后期等 3 个校外产训双模基地，打造移动互联技术应用、大数据应用技术、电子竞技等 3 个校外拓展基地。

（3）加强实训基地内涵建设，拓展实训基地外溢生产功能。以产教融合为指导思想，着力打造企业运营文化氛围，实施开放式管理；健全实训基地运行管理机制，促进教学过程与生产过程对接，满足创新、技术技能型高素质人才培养需要，服务区域产业；与企业共同开发课程资源，邀请企业专家完成电子竞技运动与管理专业教师行业知识培训；完成校企合作产品研发项目，完成现代学徒制试点项目。

3）搭建“双主体”师资队伍建设平台

随着校企合作的深入，双方师资人才优势互补：学校有稳定的人才来源和理论教师，可为企业技术人才传授课堂教育、教学技能，输入现代职业达人价值理念，倡导大国工匠精神，拓展企业师资人才的视野；企业为学校引入工作经验丰富的专业技师，传递现代信息技术行业前沿新信息、新技术，点拨工作流程中的关节点，移植企业工作典型环境和企业文化精髓。双方人才良性互动，取长补短，教学技能和职业能力提升极快。尤其是学校派专业教师到企业进行行业实践，增强了专业教师服务企业的意识，使其业务水平不断提高，解决了教学理论与实践脱节的矛盾，为打造学校和企业“双主体”师资队伍搭建了平台。

4）校企共同开发专业核心教材

借鉴澳大利亚国家培训包以及教学资源库的开发办法，通过“六围绕”的建设思路形成融合“行企元素”的课程体系。

“六围绕”：通过行业联系了解行业需求，根据行业需求开发能力标准，根据能力标准形成人才培养方案和课程标准，根据课程标准开发教学资源包，根据教学资源包实施课堂教学并落实“三横三纵”的网状评价方案。

行企元素包括职业技能、职业道德、职业精神、职业价值和行业前沿信息等元素。

通过调研，计划用两个时间开发完善现代信息技术专业能力标准、人才培养方案、课程标准及核心课程教材及教学资源包，编写《现代信息技术实务》《网络营销》和《网店美工》3 本专业核心教材及配套资源，并共享到信息化平台，实现资源立体化配套建设，为学生学习提供有效帮助。

5）加强专业教学环境的文化建设

创设功能复合齐全、校园文化和企业文化紧密结合的教学环境。校企双方共同打造双真教学环境（真实的教学环境和真实的工作环境），使教室与车间合一、学生与学徒合一、教师与师傅合一。重点建设现代化“技能教室”，创设生产服务模拟场景，营造专业人才培养的氛围。建立企业化的视觉识别系统，教室布置企业化。开展公司化运作，采用虚拟公司组织架构、制度、文化、奖惩对学生进行管理。开展职业生涯规划设计，让学生明白学习的目的、动机以及职业发展前景。

完善教学管理，制订激励学生学习的幸福卡、技能授权卡、学习跟踪卡，使学生明确了学习的目标。

6）建成校企联动精品班

校企联动作为现代信息技术专业主要的办学模式，既是中职教育接轨市场的有效突破口，也是服务社会经济发展的有效切入点。为适应市场对中职教育的要求，提高人才质量和办学效益的举措，同时为企业培养高素质技术应用型人才，共建淘宝精品班。企业方负责投入专业建设资金，配备设备资源，提供部分专业教师等资源，负责组织专业课、部分专业基础课教学，并全程参与招生、学生管理和毕业生就业等工作。为了让合作企业有经济回报，学校积极协助其办理培训收费资质，允许其依规在精品专业的学生中收取培训费，要求其对学生实行高服务、保就业政策，使精品专业的学生能够在现代信息技术平台运用方面学有所长、学有所用。

在不影响双方合作项目的正常教学安排下，企业方可以使用该实训室的设备用于生产。

4.5 评价体系建设成效

1）“双线”发展性学生评价体现职业化特色

“双线”发展性学生评价突出了职业性、实用性与技术性，评价的内容包括线上、线下的基础理论知识和专业技能、专业能力水平和职业综合素质、学习效果和学习过程等方面的综合考核，将重点放在促进学生全面发展和提高学生的学习积极性、增强自我发展能力上。

通过聘请行业专家、同行教师、家长代表及学生代表，作为实施评价的主体，从学校课程管理、教师实施课程行为、学生表现三个维度作一个合理完善的评价，形成一个科学有效的、具有可操作性的评价操作机制，最终促进学生综合素质的提升。

在职业化评价体系建设中，建立以能力为核心的互动式学生评价模式，形成一套具有可操作性、评价指标详细的评价方案。在过程评价时，构建一个互动式的评价方式，合理地使用老师与学生、学生与学生、家长与学生自身几种动态评价方式。作结果评价时，在沿用原有的记录式评价的基础上，更进一步地挖掘评价资源，把记录式评价的功效发挥得更深远、更完善。同时更深入全面地研究档案评价的方式，努力完善和提升档案评价的作用，尤其重视学生的自我反思性评价，形成《现代信息技术专业学生“双线”评价方案》。

2）IS 教师综合评价体系引领教师职业发展

教学质量的提高，教学能力的提升，离不开科学、合理的评价体系。建立 IS 教师综合评价体系，以行业（Industry）、学校（School）、学生（Student）作为评价主体，从教师师德师风、教学过程、教学质量、“产、教、研”岗位能力 4 个维度 45 项指标进行综合评价，开发评价工具并实施，以激励性、导向性为宗旨，全面引领教师职业能力发展。

3）学生就业跟踪评价加强社会评价比重

在专业建设过程中，与企业加强合作，依托行业和企业优势，不断更新和完善校企联动办学体制机制，与企业一道形成现代信息技术专业学生的管理办法，形成一套学生学习、实习、就业档案管理跟踪系统。借助现代信息技术行业协会，建立由行业协会、专任教师、企业技术专家三方组成的评价小组，提高人才培养评价中社会评价的比重，并对第三方评价信息进行综合汇总、分析，以此作为学生学业评分、实习、就业的一个重要指标。

4.6 辐射影响成效

1）“职业化”建设理念深入人心

重点专业建设以“职业化”为建设核心，以学生职业能力职业化、教师职业化、评价职业化为主要内容进行专业打造，深得领导与教师好评。

2）建立“重庆市中职学校现代信息技术校企人才培养联盟”

以重庆市龙门浩职业中学校为中心，带动重庆市现代信息技术专业办学较好的10校，与重庆市影响最大、实力最强的20家现代信息技术企业签署校企合作协议，成立“重庆市中职学校现代信息技术校企人才培养联盟”。通过校企人才培养联盟的组建和运作，充分调动和发挥行业企业参与职业教育的积极性，促进重庆市现代信息技术职校与行业、企业之间更紧密地合作，形成校企双方人才资源集聚和优化机制；在人才培养联盟内部，积极探索确保运行、发挥实效的机制和措施，着力构建日常运行、对话协商、项目合作、质量监督四种机制；以多法人联合体形式创新校企合作和联盟办学平台，深化职业教育办学模式、发展模式和人才培养模式改革，形成人才共育、过程共管、成果共享、责任共担新格局，提升重庆市中职现代信息技术专业职业化办学整体水平，并共同监控办学质量。

5 专业群建设问题反思

现代信息技术在中国的发展一片欣欣向荣。中职学校和高职院校为分得现代信息技术产业的一杯羹，纷纷设置了现代信息技术专业，然而，现代信息技术专业毕业生极低的就业率与此盛况形成强烈对比。究其根本原因，在于人才培养模式存在几大弊端：专业定位模糊，批量培养出一批技无所长的“万金油”式的现代信息技术人才；课程体系随意，实训室和实训基地建设跟不上专业的发展需求，纸上谈兵的知识和行业所需技能差距过大；评价主体单一，忽略了对学生未来职业发展的指导，缺少职业教育关注学生职业生涯发展的前瞻性；师资水平良莠不齐，教师的知识库存跟不上现代信息技术知识技能的迅速更新。企业急需现代信息技术人才，但又对现代信息技术毕业生缺乏热情，这就给现代信息技术专业人才培养模式的创新提出了新课题。

5.1 专业群人才培养的反思

5.1.1 人才培养模式建设进程中的缺憾

在现代信息技术职业化人才培养模式的建构和实施中，因时间、资源、经验和数据整合等多方面因素的制约，留下了以下三大缺憾：

1）企业合作缺乏深度

校企合作虽然各校都坚持很多年，但是一直未能根本上解决教师与学生实践能力薄弱问题，也未从根本上改变校企合作一头热一头冷的问题。要从根本上改变这些问题还是需要制度上保障校企双企双方利益，积极调动企业与学校合的热情。

2）“双聘双薪”制度有待完善

“双聘双薪”提供了职业化师资队伍成长的平台，实现了“产、教、研”合一的理念，强化了人才意识，实现了校企人才共享，营造了“尊重知识，尊重人才”的氛围，调动了现有人才的积极性。但在人才的动态管理和新兴人才的培养上，“双聘双薪”的激励机制缺乏吸引更多人员参与项目建设，造成几个技术骨干在本职工作和参与项目任务之间难以兼顾，疲于奔命，教学质量和项目质量都难以得到保证。

3）职业化课程及教学资源不够丰富

职业教育的基本特点是强调实践性、职业性，注重职业道德和综合职业能力，有着明确的岗位技能目标，其课程设置充分地体现了职业化的特点，在充分了解岗位对技能要求的基础上，确定本现代信息技术专业的核心主干课，并以核心主干课为中心，合理配置相关的专业基础课程。课程及教学资源的开发是一个创新性、时效性、持续性强的工程，两三门核心课程和教学资源的开发不足以支撑整个专业的教学。

5.1.2 后建设阶段的完善与提炼

现代信息技术职业化人才培养模式进入后建设阶段，在践行的过程中，还需要不断总结、完善，弥补建设中存在的三大缺憾，使之更具有操作性和推广性。

1）企业项目多样化

依托政府、专业教学指导委员会和行业协会，发掘校企合作的融合点，吸引更多的企业参与，拓展校企合作的深度和广度，企业的真实项目不再流于基础、简单的项目，体现项目的典型性、综合性和能力性。如重庆龙浩职业中学校在后建设时期，将依托政府和行协会，在企业原有的经营类现代信息技术项目外，逐步渗透企业类现代信息技术项目，如电子采购、生产过程控制、电子销售、电子供应链等。经营类和企业类现代信息技术项目双轮驱动，能力需求涉及面更广，实战性更强，使学生职业素质和能力得以集中体现。

2）“双聘双薪”科学化

营造更适合人才成长的土壤，强化激励机制的吸引力。在日常教学工作中，适度在工作量上和其他社会工作方面为教师减负，让教师有更多的时间和精力参与现代信息技术项目任务。如某现代信息技术专业教师，在承担 12 个课时的教学工作的基础上，承担了中职现代信息技术项目竞赛指导教师和推广校企网上商城的工作，在能者多劳的赞誉背后，我们看到的是“5+2”“白+黑”的超负荷和疲惫，长此以往，会造成教师身心透支。为此，学校开展专题会议，为该教师减负，教学任务减至 4 个课时，技能竞赛和推广工作均增加了助手，既以“传帮带”的形式培养了新生力量，又为该教师提供了更多的提高自己专业能力、拓展知识面的时间和空间，使其所能参与的各项工作更出彩。

3）职业化课程丰富化

契合专业课程的动态设置，以专业核心课程为发射点，开发包括人力资源管理、生产管理、财务管理为架构的《现代信息技术管理学》和收录对现代信息技术营销中表现突出的典型案例的追踪、分析、总结其成功与不足的《现代信息技术案例分析》等更多的职业化课程和课程资源库作为专业核心课程的支撑，丰富教学资源库的内容，同时，动态维护教学资源库，使教学资源库始终与现代信息技术行业的发展同步。

5.2 专业群师资队伍建设的反思

教师作为人才培养、知识传承的主体，是办学的主要力量，是育人的主要实施者，也是学校在市场竞争中的核心竞争力。推动师资队伍建设是职业教育事业健康发展的保障，是现代信息技术专业发展最根本的出发点。当前各中职学校现代信息技术专业难以形成品牌专业，后继乏力，究其原因，根本在于师资队伍建设存在 4 个方面的问题：①师资总体数量不足，无法保证教师参加教学研究、学术交流、科研开发、培训进修和企业实践调研，教师整体素质得不到提高。②师资队伍结构不合理，教师年龄结构、职称结构比例严重失调，难以确保教学质量和学生技能指导。③高水平的专业带头人和领军人物匮乏，开展创新能力弱，专业建设发展滞后，给人才培养带来困难，限制中职教育持续健康发展，难以形成特色专业。④“双师型”教师队伍建设滞后，真正具有行业顶岗能力和教学能力的教师比重小。为确保学校持续健康地发展，形成专业品牌，我们在专业建设中将教师资源作为第一资源、教师资本作为第一资本，并以此作为现代信息技术专业重点开发的第一动力，这就是构建一支职业化的高素质教师队伍。

5.2.1 职业化师资队伍进程中的缺憾

职业化师资队伍建设是一项长期而艰巨的任务，不可能一蹴而就，因为建设理念的前瞻性和行业资源运用不够充分的制约，在建设进程中出现了两大缺憾：

1）职业发展规划出现误区

在职业化师资队伍建设进程中，教师自我发展需要和自我发展意识得以唤醒，逐渐体会到在职进修、深入行业顶岗实践的必要性，但是还有少数教师对自己要达到什么目标、通过几个阶段达到自己的目标、现在自己处于什么阶段等问题缺乏清晰的认识。在自己的职业发展规划中，自我意识被领导意识掩盖，主动追求卓越的工作表现以及专业成长的意识等方面都还有待通过引导加以完善。

2）行业资源运用不充分

现代信息技术企业拥有丰富的硬资源和软资源，如管理理念、企业文化、技术人才、工艺装备等，教师在参加行业培训、行业实践甚至是企业真实项目的过程中，更多地关注典型工作任务中的技术指标和操作流程，对行业资源的认识及运用不够充分，对现代信息技术营销新动向把控不及时。

5.2.2 后建设阶段的完善与提炼

打造一支具有专业化与职业化的现代信息技术师资队伍，是一项时间长、意义大的工程，在后期的师资队伍建设中，主要应从两面方弥补前期的不足。

1）职业发展规划的前瞻性

立足学校和专业发展，关注教师个人发展目标，激发教师自主发展的动力，从教师的基础和个性特点出发，尊重教师自我发展的自主选择，引导教师进行职业理念和职业价值反思，从实际出发，结合自身发展需求、所处发展阶段，所具有的发展潜质、优势和发展领域，来确定个人发展方向，制订出职业现实和职业理想相吻合的职业发展规划。帮助教师纠正在专业发展上的误区。如重庆市龙门浩职业中学校以技术职称、专业技能、教育教学贡献为标准把教师队伍划分为 4 个梯队：成熟教师、骨干教师、首席教师、卓越教师。引导教师从前言、自我分析、发展愿景、行动策略、对学校的诉求、评估调整、结束语七大板块制订《教师个人专业发展规划》，使每一位教师有了更加明确的专业发展目标，从而远离职业倦怠感。同时，学校提供教师到高校深造、到行业顶岗实践等职业培训平台、开辟了“百家论道”“名师讲坛”等职业能力展示平台，鼓励教师参加行业企业研讨会，为教师的职业发展助力。

2）充分利用项目资源

建设与重庆地区以及我校各大专业群匹配的虚拟仿真教学资源平台，其中包含完善的虚拟仿真引擎平台和虚拟现实教学资源。虚拟仿真引擎平台具备易学性，师生经过短期培训即可进行内容资源开发，最终学院师生使用虚拟仿真引擎平台独立开发教学资源，打造虚拟现实资源开发制作平台。

打造独立、创新的虚拟仿真工作室团队，为提升我校师资力量，将组建一支本专业工作室团队，本支团队在经过学习、培训后，能良好掌握虚拟仿真项目开发技能，承担企业订单任务，独立承接企业项目，输出项目成果，形成双向盈利的良性循环。

5.3 评价体系改革的反思

职业教育评价体系是一个主体，是一个对象、内容、标准、方法都十分丰富的操作体系，其特色主要体现在培养目标和培养方式上。然而，中职学校现行的评价体系与培养适应社会发展与市场需求、具备专业技能的应用型专门人才的培养目标和强调应用性和实践性的培养方式难以接轨，主要存在以下问题：学生评价忽略可持续发展力，未能关注毕业生的就业满意率、可持续发展能力、职业发展自信度等指标；学校评价未能发挥激励和导向作用，缺乏系统的评价组织与科学的分析、处理信息的手段；社会评价比重不足，缺乏量化指标，不能体现职业学校办学以就业为导向的核心理念。

5.3.1 职业化评价体系建设进程中的缺憾

职业化评价体系是一个较新的管理评价体系，它有着其他传统评价体系无法比拟的优势：可以真实反映被评价对象的综合现状，关注评价对象的可持续性和可发展性，但它也有不容忽视的缺点，所以，我们必须对它有一个比较清醒的认识，以求在实践中更好地改进、提高与应用它。

1）职业化评价体系的动态指标模糊

职业学校教育教学活动是在教师、学生、行业、社会环境等多种因素共同作用下形成的，因素是多元的、动态的、可变的，而相应的人才培养目标、专业需求也会随着时间的推移、时代的发展而有所变化，而评价的指标也应有所增删、改变，而现代信息技术职业化评价体系的动态指标则相对模糊。

2）职业化评价体系的可操作性有待加强

建立职业化评价体系在关注可持续性、发展性、科学性的同时，还应注重可操作性，不是评价维度越全越好，评价指标越细越好。烦琐的指标项，会让评价主体在操作过程中感到烦躁，容易造成评价体系的昙花一现。

5.3.2 后建设阶段的完善与提炼

职业化评价体系在实际操作中，出现的动态指标模糊和操作较为烦琐的缺憾，可从两个方面加以完善和提炼。

1）建立评价档案

作为现代信息技术专业人才培养中的重要环节，评价体系的指标一定要适应行业发展、人才培养模式的创新和课程的动态设置。因此，在后建设时期，将通过校企双方，建立评价档案，形成追踪系统，明确界定评价体系的固态指标和动态指标，动态更新评价指标和评价权重，彰显评价体系的生命力。

2）关注评价体系使用者的能力

在关注评价指标内涵的确定性、数据来源的准确性、统计方法的规范性、评价方法的标准性的前提下，更应关注评价体系使用者对评价指标使用的接受能力和判断能力，让他们乐意在职业教育教学活动和质量监测中运用评价体系。如每年举行的为期 3 天的评价体系操作与运用培训会，培训对象涵盖专业教师、文化课教师和行业教师，使每一位评价体系执行者能熟练地掌握评价体系的各级目标，减少评价的主观性，增强客观性和科学性。

5.4 校企合作运行的反思

现代信息技术作为一门实践性强、市场化程度高的学科，校企合作办学能使教和学达到高度整合。企业与学校利用各自优势实现利益共享，互利共赢，既能充分利用学校的教学资源，又能为企业获得更为实用和合适的人才资源。通过企业与学校之间的合作，使学生进入企业之后就能直接开始一线岗位熟练工作，学生能够直接成为企业员工或企业所需要的现代信息技术人才，达到更好地服务生产的目的，也有效地解决了现代信息技术企业招不到人、现代信息技术专业毕业生难就业的尴尬。然而，当前现代信息技术校企合作办学中，却出现了一点不和谐的声音：校企合作、工学结合难成有机整体，校企争抢办学话语权，合作根基不稳；校企合作一头热，过多关注己方利益，导致教学资源与企业资源运用失衡；校、企、生三方利益产生冲突，学生作为受教育主体的根本利益得不到保障。开创一个校、企、生三赢的局面，就是现代信息技术专业建设引企入校，建校企长效办学机制，打造六大亮点，全力攻克校企合作难题的目标。

5.4.1 校企合作运行中的缺憾

在现代信息技术校企合作办学中，虽然亮点不少，但也有不得不直面的制约校企办学良性、健康发展的阻力与缺憾。

1）缺乏相关的政策和制度作保障

职业教育具有公益性质，其提供的教育服务是公共产品，政府是这种公益性产品的提供者，校企合作也意味着企业可以享受到一些“搭便车”的待遇。如果政府缺乏落实相关政策和具体措施，特别是配套的规范性制度及文件的约束，就会使企业成为“搭便车”的“逃票者”，使企业逃避履行参与职业教育培养人才的义务。即使企业参与了人才培养的某一环节，但由于以下某种原因限制校企合作运用的长效性：安排学生顶岗实习的纳税减免得不到落实，企业在校企合作中的付出得不到经济补偿；企业在校企合作中的贡献缺乏社会认可；企业难以承担学生顶岗实习的安全风险；顶岗实习的时间与企业工作安排相冲突；职业学校的人才培养水平达不到企业的用人要求；校方对顶岗实习疏于管理；缺乏第三方的协调服务等。

2）社会正式规则的制约

企业、学校、学生在长期实践中无意识形成的价值信念、风俗习惯及意识形态等非正式规则制约着校企合作的深度融合。在校企合作中，企业会提供真实的现代信息技术岗位供学生实践，让学生切身体验职业岗位和职业状态。但由于少数学生价值取向不正确，过多关注企业支付的报酬，缺乏重复做一件事情的耐心和细心，不具备应有的职业道德和责任心，加上技能水平相对较差，很难达到企业顶岗实习的要求。

3）受企业发展的制约

在校企合作办学中，有少数合作企业，由于对区域性经济发展缺乏正确的认识，在企业管理、人力资源、自然资源等方面出现或多或少的问题，再遇上强悍的竞争对手，失去了优质企业原有的市场竞争力，因自顾不暇而导致校企合作办学举步维艰。

5.4.2 后建设中的完善与提炼

现代信息技术进入后建设时期，我们将借政府之力、社会之力和企业之力，从以下三个方面为校企合作健康、持久地运行保驾护航。

1）寻求政府政策支持

通过职成司、行业协会等渠道，寻求政府相关部门支持，如专门的政策指导，配套的、可操作性强的、规范性的制度文件，明确校企双方责任与义务的“政策引导制度”，如通过减税退税政策，鼓励用人单位接收学生实践；成立专门的机构协调服务，形成以具体项目为抓手的“实体性质”的项目运行机制、法律协议下的“诚信约束”机制；专项的资金支持和社会舆论的广泛支持，遵循市场规律和教育规律，形成“互惠互利”的利益驱动机制，激发合作主体的内在原动力。

2）培养学生正确的职业价值观

强化对学生职业价值取向的教育，注重在课堂学习中“引”，在具体活动中“导”。采取集中职业规划教育的方式进行职业规划大众化教育；创建职业规划咨询和实习、就业指导网络体系，为学生提供了解企业、了解实习、就业政策和实习、就业形势的平台；建立职业咨询室，有针对性地引导学生的创业意识，帮助学生解决个体实习、就业疑惑。通过多种方式，采取不同手段，将学生的职业价值取向的集中教育和个性化教育相结合，引导学生树立正确的职业价值观，合理定位，制订符合社会需求和适应就业环境的职业规划。

3）为企业发展建言献策

在合作伙伴遭遇困境时，学校要做的不是袖手旁观，任校企合作寿终正寝，而是调动学校的人力资源和“智力”资源，为企业建言献策，成为企业走出困境、发展壮大、产品开发和技术改造创新的依靠力量。

6　专业群建设工具

6.1　专业群行业调研报告

重庆市龙门浩职业中学校
重庆市高水平中等职业学校建设
现代信息技术高水平专业群
行业调研报告

为深入贯彻落实《国家中长期教育改革和发展规划纲要（2010-2020年）》，《重庆市教育委员会重庆市财政局关于实施高水平中等职业学校建设项目的通知》（渝教职成发〔2018〕8号）要求，做好重庆市高水平中职建设项目现代信息技术专业群建设子项目，把握现代信息技术产业相关专业技术技能型人才的需求，摸清我校现代信息技术专业群毕业生的就业和职业生涯发展情况，特开展现代信息技术高水平专业群技能型人才需求调查。

一、调研背景

（一）产业背景

信息技术产业，又称信息产业，它是运用信息手段和技术，收集、整理、储存、传递信息情报，提供信息服务，并提供相应的信息手段、信息技术等服务的产业。在面向21世纪的技术变革中，信息技术的发展方向将是智能化。

当今世界以智能化为特征的新一轮产业革命正在蓬勃兴起，以智能科技为代表的新技术、新产业正在融合型发展、集群化兴起、爆发式增长，发展前景十分广阔。云计算、大数据、人工智能等新一代信息技术将加速渗透经济和社会生活各个领域，软件产业服务化、平台化、融合化趋势更加明显。在全球范围内，智能产业和智能化已成为国际竞争的新焦点，各国加紧出台规划和政策，争夺新一轮国际竞争的主导权。

新一代信息技术同时也是国务院确定的七个战略性新兴产业之一，国务院要求要加大财税金融等扶持政策力度。党中央、国务院高度重视新一代信息技术产业，就人工智能、工业互联网、5G、机器人等领域发展，作出一系列战略部署，有力地推动了我国新一代信息技术产业发展。

（二）政策背景

早在2010年，《国务院关于加快培育和发展战略性新兴产业的决定》（国发〔2010〕32号）中便将“新一代信息技术产业”列入七大国家战略性新兴产业体系，要求“加快建设宽带、泛在、融合、安全的信息网络基础设施，推动新一代移动通信、下一代互联网核心设备和智能终端的研发及产业化，加快推进三网融合，促进物联网、云计算的研发和示范应用。”

2017 年，十九大报告对现代信息技术产业做了历届以来最全面的阐述，特别强调要推动互联网、大数据、人工智能与实体经济的深度融合。2018 年以来，世界经济延续温和复苏态势。我国着力推动传统产业与新经济加速融合，基于互联网、大数据、云计算、物联网、人工智能的服务应用和创新日益活跃。

领域	发展概况
集成电路	2017 年我国内集成电路制造市场规模达到 1448.1 亿元，同比增长 28.5%，在集成电路产业链中占比 27%。
人工智能	近年来中国人工智能产业发展迅速，截至 2018 年 6 月，中国人工智能企业数量已达到 1011 家，位列世界第二，2018 年中国人工智能市场规模有望超过 300 亿元人民币。
物联网	随着行业标准完善、技术不断进步、国家政策扶持，中国的物联网产业将延续良好的发展势头，为经济持续稳定增长提供新的动力。
大数据	随着国家政策激励以及大数据应用模式的逐步成熟，未来几年中国大数据市场仍将保持每年 30%以上的快速增长，预计到 2020 年中国大数据市场规模将达到 578 亿元。
云计算	我国云服务市场增速已超过国际市场，而 IaaS 是我国云服务市场增长的主要动力。

资料来源：前瞻产业研究院整理　　@前瞻经济学人APP

图 6-1　新一代信息技术产业主要领域发展概况

（三）区域背景

2016 年，重庆市政府发布《重庆市国民经济和社会发展第十三个五年发展规划纲要》（渝府发〔2017〕6 号）中指出，要全面提升信息化水平，统筹推进信息化与新型工业化、城镇化和农业现代化融合发展，深入实施“互联网+”行动计划，建设通信信息枢纽和互联网经济高地。要提高互联网骨干直联点的能力和效率，打造通信信息国际口岸，打造数据集散中心。加快国内外电信运营商和服务提供商在渝数据处理及运营中心建设步伐，着力打造高水平数据中心。

2018 年，重庆市人民政府印发《关于重庆市发展智能制造实施方案（2019—2022 年）的通知》（渝府发〔2018〕56 号），落实《重庆市以大数据智能化为引领的创新驱动发展战略行动计划（2018—2020 年）》，推进互联网、大数据、人工智能和实体经济深度融合。

《重庆市人民政府办公厅关于印发中国（重庆）自由贸易试验区产业发展规划（2018－2020 年）的通知》（渝府办发〔2018〕32 号）指出要大力发展信息服务产业集群，推动信息化与新兴服务业深度融合发展，以两江国际云计算产业园、软件服务基地为核心，发展互联网、云计算、大数据产业，大力发展基于互联网的新模式新业态，拓展大数据增值业务产业链条，形成服务全球的云计算全产业链。2017 年，全市大数据智能产业实现销售收入约 3500 亿元，同比增长 30%左右，增速快于全市规模工业产值增速 20 个百分点。全市信息化发展指数 72.18，处于全国第 12 位、西部第二位；城市智慧生活指数在全国 324 个大中城市中名列第 7 位。

“十三五”时期，是重庆市南岸区移动终端产业提升发展质量效益与区域影响力、实现产业转型升级的关键时期。近年来，南岸区委、区政府抓住了供给侧结构性改革、国家加快大数据发展、产业转型等机遇，坚持创新驱动发展，大力发展大数据智能产业，培育产业引领品牌，成功创建国家高技术产业基地、国家移动通信高新技术产业化基地、国家物联网产业示范基地三大国家级产业基地，形成智谷建设支撑优势。2017 年南岸区智能关联企业利润增长 79.8%，税收增长 72.4%，以智能终端、物联网等为代表的电子信息产业已成为该区工业的第一支柱。

（四）项目背景

2018 年 12 月，项目立项通知下达，项目正式启动实施。通过为期 3 年的建设，旨在推动学校强化内涵发展、特色发展，创新人才培养机制和管理机制，激发办学活力，提高人才培养质量和服务产业转型升级能力，建设成为发展质量高、社会贡献度高和认可度高，重庆一流、全国领先、世界水平的高水平中等职业学校。

在高水平专业群方面，项目明确要求：通过高水平项目建设，建成以计算机应用和数字媒体技术应用专业为核心的现代信息技术专业群。将数字媒体技术应用专业打造成为重庆市高水平骨干专业，建成产教融合校企实训基地和信息化服务平台，深化“2121 产学研”校企联动人才培养模式和“六共同”“双主体”育人机制，建设一流的专业课程资源。发挥集群效应，促进优势教学资源的整合与共享。充分发挥核心专业的示范辐射作用，提高群内专业建设整体水平及学校其他专业建设水平。对接重庆市信息产业龙头企业，为企业提供职业化技能型人才。通过三年建设，将专业群建设成为人才培养结构合理、质量优秀、师资力量雄厚、社会服务能力强，重庆市一流、全国领先的国际化、智慧化、职业化现代信息技术专业群。

重庆市龙门浩职业中学校数字媒体技术应用专业是全国改革发展示范建设专业，创办于 2007 年。2007 年成功申报国家级计算机及网络实训基地，2013 年成功申报重庆市计算机与软件技术实训基地，2016 年成功申报动漫与游戏制作重点特色专业，2017 年成功申报重庆市现代学徒制试点项目，并顺利通过重庆市现代信息技术产业技术应用及动漫与游戏制作重点特色专业验收，专业建设基础扎实。

二、调研基本思路与方法

（一）调研指导思想

通过调研，深入了解重庆市区域产业和现代信息技术产业的发展现状，掌握区域经济发展中各类企业对现代信息技术产业人才的需求规模、特点、数量和规格，深入了解市场，掌握相关企业或部门对现代信息技术产业人才的学历层次和能力要求；现代信息技术产业行业企业可能提供现代信息技术专业群毕业生的就业岗位和需求情况；跟踪调查中职学校现代信息技术专业群毕业生的就业及职业生涯发展情况以及他们对学校现代信息技术专业群人才培养的评价与建议等。通过调研分析，帮助准确定位我校现代信息技术专业群，并进一步确定专业群培养目标和课程设置，为正确制定专业群人才培养方案，创新人才培养模式奠定基础。

（二）调研内容

1. 了解国家和重庆市发展现代信息技术产业的政策支持。

2. 了解现代信息技术产业发展现状与趋势、主要特点、现代理念、主要技术（标准）、产品（业务），各类企业应用现代信息技术的方式、成效和存在问题。

3. 了解重庆市现代信息技术企业对现代信息技术企业对中职现代信息技术专业群毕业生的需求情况、对证书的要求、招聘途径以及对中职现代信息技术专业群毕业生的认识和能力素质要求。

4. 了解重庆市同类学校相关专业群人才培养模式、专业特色、主要优势、课程体系、校企合作等。

5. 了解中职现代信息技术专业群毕业生就业岗位、职业生涯发展情况、工作适应程度、胜任程度，对学校现代信息技术专业群课程设置的评价和建议等。

（三）调研对象

1. 现代信息技术产业相关企业（市内外代表性企业及校企合作企业）；

2. 现代信息技术专业群建设或相关专业建设具有代表性的中高职学校；

3. 中职学校现代信息技术专业群在校学生及毕业生。

（四）调研方式

对于企业和学校，主要通过网上查询、信访、现场观测、重点访谈、会议交流、调研问卷及调研访谈问卷等方式进行。对于毕业生调查，通过毕业生问卷调查、走访等方式进行。问卷调查设计了《行业调研问卷》《学校调研问卷》《毕业生调研问卷》三种调查问卷，并按现代信息技术专业群两个方向（数字媒体技术应用及计算机应用）八个专业（数字媒体技术应用、计算机应用、VR、大数据、电子竞技运动与管理、广播影视节目制作、网络信息安全及移动互联应用技术）分别进行设计。

（五）调研步骤

首先，进行资料查询和问卷调查，重点掌握重庆市现代信息技术产业的发展现状；第二，进行典型企业考察和访谈，采取的形式为现场观测、网上查询和重点访谈；第三，进行相关院校调研，采取的方式为现场观测、网上查询和重点访谈；第四，对本校现代信息技术专业群毕业生调研，采取的方式为调研问卷及重点访谈；最后，调研小组经资料整理后形成调研报告，经专家论证后，调研报告定稿。

主要的调研过程具体包括：信息采集—信息归纳—信息分析—改革建议—专题论证—信息补充—定稿。

三、调研数据分析

（一）行业发展现状与趋势

1. 行业发展现状

根据国家统计局编订的《战略性新兴产业分类目录》，将“新一代信息技术产业”分为电子信息核心基础产业、下一代信息网络、高端软件和信息技术服务三大类。如下图：

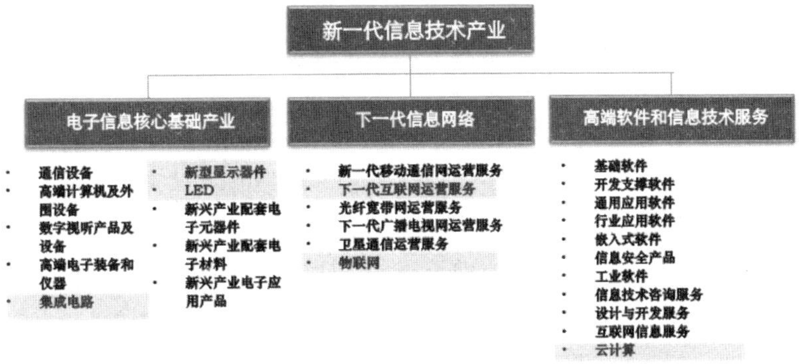

图 6-2

《“十三五”国家战略性新兴产业发展规划》提出，到 2020 年，战略性新兴产业增加值占国内生产总值比重达到 15%，形成新一代信息技术、高端制造、生物、绿色低碳、数字创意等 5 个产值规模 10 万亿元级的新支柱，并在更广领域形成大批跨界融合的新增长点，平均每年带动新增就业 100 万人以上。

如今，中国电子信息产业前 10 强总部或区域总部均落户深圳，深圳已成为中国重要的 IT 产业制造基地、研发基地、出口基地和物流中心。2017 年，深圳新一代信息技术产业增加值 4592.85 亿元，比上年增长 12.5%，增速跑赢同期的 GDP。2018 年深圳新一代信息技术产业增加值达 4931.59 亿元。培育起支撑未来可持续发展的新一代信息技术产业，不仅关系到经济发展和社会稳定，而且直接决定着各国在全球经济发展中的角色分工。

2. 行业发展趋势

（1）系统技术的纵深化和融合化

现代信息技术不仅仅是芯片技术、网络技术、数据挖掘、人工智能、虚拟现实等一系列单一信息技术的纵向升级，更主要的是信息技术与产业的融合，从而推动的以信息服务平台为特征的整体代际变迁。

一方面，信息技术自身作为一个技术领域，其关键技术，如芯片技术、通信网络技术、数据挖掘技术等将沿纵深方向不断发展。另一方面，信息技术与产业发展加速融合，产业发展不断对信息技术提出新的需求，二者相互融合，互相促进，呈现融合式发展。因此下一代信息技术的发展将呈现系统技术的纵深化和融合化互相促进的特征。

（2）信息处理的泛在化和云集化

一方面，信息技术发展初期，信息处理在分散的服务器上进行，而随着云计算和虚拟化技术的快速发展，信息处理呈现集中化趋势。另一方面，云计算和数据中心技术日趋成熟，不同行业和企业纷纷建立自己的云计算中心和数据中心，这又表现为更高层次的信息处理泛在化。因此，下一代信息技术将呈现出信息处理泛在化与云计划协同发展的特征。

（3）信息服务的个性化和共性化

随着经济社会的不断发展，人们对信息服务的需求日益多样化和个性化，信息技术的不断发展则不断满足人们个性化服务需求。然而，当个性化发展到一定程度，差异性逐渐成为普遍性，信息服务呈现越来越多的共性特征。因此，现代信息技术呈现出信息服务的个性化和共性化辩证统一的特征。

国务院印发的《"十三五"国家战略性新兴产业发展规划》中明确提出"加快发展壮大新一代信息技术、高端装备、新材料、生物、新能源汽车、新能源、节能环保、数字创意等战略性新兴产业，促进更广领域新技术、新产品、新业态、新模式蓬勃发展"。未来五年，战略新兴产业将成为新的增长极。包括电子信息产业在内的战略新兴产业增加值占国内生产总值的比重将达到15%。以互联网、物联网、云计算、大数据等为代表的新一代信息技术，将成为我国新旧动能转换的重要引擎。

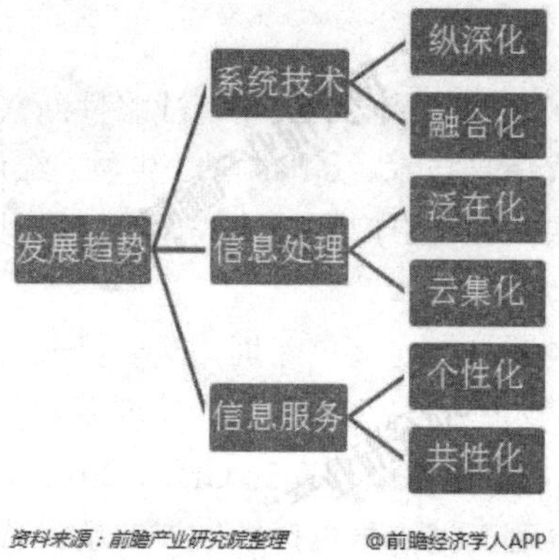

图 6-3 新一代信息技术产业发展趋势

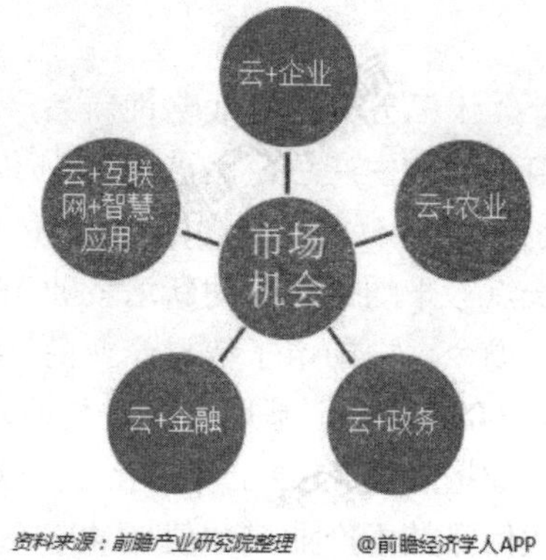

图 6-4 新一代信息技术产业发展机遇

3. 重庆市现代信息技术产业发展趋势特征

重庆市自 1978 年发展本地的信息产业，产值结构发生了相当大的变化，第四产业产值结构明显提升。2005 年，重庆市信息产业完成销售收入 320 亿元。2009 年整个重庆信息产业的上下游将形成完整的产业集群，并转化为重庆的核心竞争力，整个信息产业需就业人口 60 到 70 万人。2016 年，《重庆市人民政府关于印发重庆市信息化带动工业化发展规划的通知》意在为了迎接世界经济全球化、网络化的挑战，在新的世界竞争格局中顺利推进我国现代化进程，中共中央提出了大力推进国民经济和社会信息化，以信息化带动工业化的发展战略。

2018 年，国家网信办发布了《数字中国建设发展报告（2018 年）》。报告指出，在 2018 年信息化发展评价指数前十中，重庆位居第 8 位，在构建现代信息技术产业体系上，重庆位居第 7 位；在推动数字经济与实体经济融合上，重庆位居第 9 位；在完善新一代信息基础设施上，重庆位居第 7 位。2018 年，重庆市高技术产业增加值同比增长 13.7%，新一代信息技术产业产业增长 22.2%。

2019 年，国家网信办发布的《数字中国建设发展报告（2018 年）》指出，重庆现代信息技术产业重庆在信息化发展评价指数、构建现代信息技术产业体系、推动数字经济与实体经济融合等几方面均位居全国前十。但是，重庆以工业城市向信息化城市转化，起点低，底子薄，时间短，企业之间缺乏协调，产业链尚不成熟，核心技术欠缺，人才培养与产业发展脱节较为严重，政策支撑体系尚不完备。重庆要实现由规模速度型增长向质量和效益型增长转变，必须将发展智能产业作为未来经济发展的主攻方向，加速智能技术与传统产业融合互动，在存量上促进传统产业向智能化、绿色化、高端化方向发展；推动产业形态、产业链协作模式、生产制造模式和商业模式创新，催生新兴产业发展，在增量上为推进新旧动能转换提供支撑。

（三）现代信息技术产业人力资源现状及需求

1. 国家现代信息技术产业人才需求现状

2018年，华为与中国软件行业协会、信息技术工科产学研联盟在京联合发布《中国ICT人才生态白皮书》指出，2017年信息技术产业人才总体需求缺口达765万，云计算人才缺口108万人，大数据人才缺口126万人，人工智能人才缺口96万人，物联网人才缺口102万人。上述被称为“四大”新兴技术的领域，人才缺口总计达到432万人，而到2020年，此缺口还将扩大到904万人。未来，ICT人才需求缺口的70%将集中在云计算、大数据、物联网、人工智能等新兴领域，且呈现出人才需求类型多样化、需求结构多元化的特点。

2. 重庆市现代信息技术产业人才需求现状

近年来，重庆市信息技术产业快速地发展。2009年，信息产业销售收入1006亿元，2016年，重庆信息技术产业产值达到10000亿元。

重庆作为中国以至全球世界电子信息产业发展的主战场，对IT人才需求提出了更高的要求。但是，随着重庆市信息技术产业快速发展，IT人才队伍存在严重的结构失衡和数量短缺的问题日趋凸显，既缺高级IT人才，包括复合型高级管理人才和高级技术人才，更缺技能型、应用型信息技术人才，即“IT蓝领”。到2015年，重庆信息技术产业人才需求为80万人。近两年来，大数据、智能化、IT信息类产业人才需求更有明显增长，经调查显示，仅大数据方向，未来3～5年大数据人才缺口达到150万之多，大数据、智能化、电子、IT信息类产业和现代服务业人才需求有明显增长。

3. 现代信息技术产业人才需求类型

企业对现代信息技术产业人才需求的层次是不同的，具体可以分为以下三种不同的层次，不同层次的现代信息技术产业人才可以适应不同层次的企业的需求。

（1）现代信息技术产业实务操作人员。这是现代信息技术产业人才的主体，其主要工作是现代信息技术产业技术在商业中的应用，如网络营销、信息流、物流、资金流的实现。特点是精通现代信息技术产业技术，掌握现代信息技术产业的最新进展，企业对这方面的人才需求占总体需求的56.82%。

（2）技术型现代信息技术产业人才。这类人才主要着眼于现代信息技术产业的技术方面，其主要工作是现代信息技术产业的实现，其特点是精通现代信息技术产业技术，掌握现代信息技术产业的最新进展。这类人员应着眼于技术层面，如网络建设、系统管理、程序开发、数据库建立、模块设计等。企业对这方面的人才需求约占总体需求的20.45%。

（3）战略管理型现代信息技术产业人才。这是高层次现代信息技术产业人才，其主要工作是现代信息技术产业战略制定、实施管理、业务流程管理、组织结构调整等。特点是通晓现代信息技术产业全局，具有前瞻性思维，熟知至少一个行业或一种模式的现代信息技术产业理论与应用，能够从战略上分析和把握其发展特点和趋势。企业对这方面的人才需求占总体需求的18.18%。

（4）供应链管理人才和其他方面人才。这类人才主要从事上下游商品管理，维持和开辟供应渠道，保持供应体系的稳定性，这类人才需求占总体需求的4.55%。

由此可见，中职学校对于现代信息技术专业群人才的培养应集中在现代信息技术行业实用型操作型人才。

五、调研结果与结论

（一）企业要求现代信息技术专业群专业人才应具备的职业素质

1. 企业对实务操作人员需求规格与分析

在被调研企业中，选取了任职于企业中现代信息技术产业相关岗位的我校毕业生70位，皆为实务操作型人才。

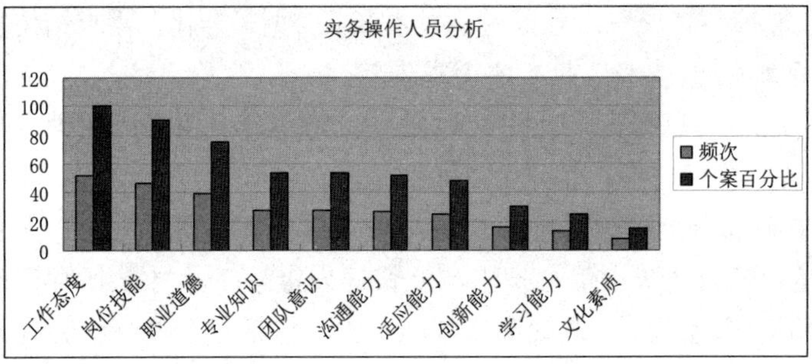

图 6-5

2. 现代信息技术产业从业人员基本情况

（1）现代信息技术产业相关岗位收入情况

据艾瑞咨询网统计现代信息技术产业从业人员的收入普通高于传统行业，企业间现代信息技术产业业务人员，月平均收入为6800元，现代信息技术产业一般级别人员月平均工资为5000元左右，主管及经理级别平均收入达上万元。

（2）毕业生月薪调查

在参与调查的70名毕业生中，薪酬状况统计如下表：

工资标准	1500 以下	1500-3500	3500-5500	5500 以上
有效人数	29	39	3	1
占比	41.5%	55.7%	4%	1.4%

统计可以发现，该专业群学生入职之初，工资标准普遍偏低，而且后续上涨率并不高。通过调研，我们发觉大多学生工资不高，后续发展较弱，仍是与自身专业技术与学习力有关。这是我们教育过程中应该注意加强的地方。

（3）重庆市中职现代信息技术专业毕业生现工作的企业类型

项目名称	国营	民营	外资	合资
有效问卷	7	58	3	2
占比	10%	82.9%	4.3%	2.9%

由该表可以发现，我们的学生绝大多数工作于民营企业，国有企业其次。在校企合作过程中，我们应大力发展并高度重视与民营企业的合作，拓展延伸与国有企业的合作，方更有利于专业群办学质量及人才培养质量的提升。

（4）现从事的工作岗位与专业的吻合度

项目名称	专业对口	专业相近，基本对口	专业相关，但不完全对口	专业不对口
有效问卷	39	19	1	6
占比	55.7%	27.1%	1.4%	8.6%

就表可知，大部分学生毕业后从事的工作岗位与专业基本吻合，这在职校中较为难得。所以专业建设中，学生专业能力与综合素质的培养，仍应放于重要地位。

（5）企业聘用实务操作人才优先考虑的因素排前三位的依次为“工作态度”、“岗位技能”和“职业道德”。良好的工作态度和职业素养往往是企业对技能人才的首要要求。

（6）企业对一般技能型人才在学历和文化基础、职业道德、职业态度与素养、专业技能、社会能力、学习能力和发展潜力等 6 个维度的规格要求中，专业技能的要求达到 100%，其次是职业态度与素养、学习能力与社会能力。技能人才的学习力将逐渐被现代企业看重。

（7）个人评价在校期间所学能力对工作最有帮助

该选项中，学生选中最高的三项为“实训实习等实践环节”“专业综合知识”“社会实践”。作为企业基础性技能性人才培养的人才基地，对学生的专业技能的实践能力的培养势必要高度重视。

（8）工作后发现自身最欠缺的能力

在这个问题中，学生普遍认为，自己进入工作岗位后最欠缺的是沟通协作能力。现代中职学生个性鲜明，常以自我为中心，考虑事务不够周全。进入企业后，工作的高度协作性便会很快暴露出学生沟通协作能力问题，并有可能阻碍学生发展。因此，在日常教学过程中，应该注意学生沟通协作能力的培养。

（二）职业学校调研

1. 我们调研了 19 家中职（高职）学校，在调研的 19 所职校中，均开设现代信息技术专业群或相关专业，但中职学校无一开设现代信息技术专业群或相关专业群。专业群建设的学习，仍需多与高职院校相沟通。

2. 绝大多数被调研学校的信息技术类专业教学计划的修正为一至两年，符合现代信息技术产业发展需求。

3. 专业实训体系较为完备，注重多种实训形式的综合使用。

4. 现代信息技术类专业证书：其中 80%的中职学校没有对应的现代信息技术类专业的证书，还是以文字录入、计算机操作员为主，但高职学院证书体系较为完备。

5. 师资力量均较为雄厚，学历、职称结构优秀。

（三）毕业生调研

1、学生基本肯定我们学校教师的教学水平、教学质量和教学配套设施，但是普遍表现出专业技能不理想，社会适应能力较差等问题。

2、现代信息技术专业群毕业生在从事现代信息技术产业相关工作中，主要从事一线基础工作。

3、毕业生认为在校期间最为重要的课程是专业课程，其次为就业实习指导类课程，普遍忽视文化基础课程。

（四）现代信息技术专业群相关岗位群及专业技能分析

1. 数字媒体技术应用专业岗位群及专业技能（中职）（核心专业）

工作领域	工作任务	职业能力
1 数字图像表现	1.1 市场挖掘	1.1.1 能准确对客户进行定位 1.1.2 能定位项目难易程度 1.1.3 能独立完成项目报价 1.1.4 会商务谈判
	1.2 资料采集	1.2.1 能将客户需求与公司项目组进行有效沟通 1.2.2 能多渠道收集项目资料
	1.3 三维建模	1.3.1 会 CAD、SU、犀牛、MAYA 软件的基本操作 1.3.2 能辨识建筑类型及风格 1.3.3 能熟记各种建筑材料尺寸 1.3.4 能熟记地形、市政、小区景观模型尺寸知识 1.3.5 能熟记建筑行业操作规范常识 1.3.6 能熟练掌握 3ds MAX 的三大建模技巧 1.3.7 能按照制 CAD 设计图纸独立完成模型创建 1.3.8 能通过图片完成模型创建
	1.4 材质渲染	1.4.1 能熟记金属、陶瓷、玻璃、水、大理石、木头、塑料、多维等材质参数 1.4.2 能具备构图技巧知识 1.4.3 能具备简单素描能力 1.4.4 能熟记自然光源、照明光源的相关参数 1.4.5 能熟练使用 3ds MAX 软件中的摄像机功能 1.4.6 能熟练使用 3ds MAX 软件中的材质贴图功能 1.4.7 能熟练使用 3ds MAX 软件中渲染功能
	1.5 后期调色	1.5.1 能积累房屋、家具、道路、人物、树木等素材资源 1.5.2 能掌握各种建筑、规划等总平面图构图方式 1.5.3 能掌握色彩、光源、阴影等基础知识 1.5.4 能运用 PS 软件完成房屋建筑、市政规划等彩色总平面图 1.5.5 能运用 PS 软件完成建筑、景观规划等效果图
2 广告平面设计	2.1 客户沟通	2.1.1 能对客户进行准确定位 2.1.2 能分析项目难易程度 2.1.3 能完成项目报价 2.1.4 会商务谈判
	2.2 素材收集	2.2.1 能与公司项目组进行有效沟通 2.2.2 能运用多渠道收集项目相关资料

续表

工作领域	工作任务	职业能力
2 广告平面设计	2.3 方案实施	2.3.1 能揣摩客户意向 2.3.2 能根据客户意向独立完成方案创作 2.3.3 能使用 PS、CorelDRAW 软件完成平面图 2.3.4 能运用构图技巧完成项目平面图 2.3.5 能用手绘方式画出建筑效果图 2.3.6 能按需求交付作品
3 三维动画制作	3.1 文案策划	3.1.1 能掌握商务礼仪接待客户 3.1.2 能通过有效沟通快速捕捉客户需求 3.1.3 能快速地预估项目费用 3.1.4 能清晰地向客户介绍服务项目 3.1.5 能对客户跟进并促成签单
	3.2 客户沟通	3.2.1 能准确对客户进行定位 3.2.2 能分析项目难易程度 3.2.3 能完成项目报价 3.2.4 能进行商务谈判
	3.3 三维建模	3.3.1 会 CAD、SU、犀牛、MAYA、Google 地球、百度街景等软件的基本操作 3.3.2 能区分各种建筑类型 3.3.3 能熟记各种建筑尺寸 3.3.4 能熟记各种山地、市政、小区景观模型常识 3.3.5 能熟记相关建筑规范及常识 3.3.6 能熟练掌握 3ds MAX 的建模方法 3.3.7 能按照制作规范独立完成各种建筑及景观场地建模
	3.4 脚本执行	3.4.1 能充分理解脚本 3.4.2 能运用文字或图像的方式进行分镜头
	3.5 动画渲染	3.5.1 能分辨并运用各种材质 3.5.2 能具备良好的构图技巧 3.5.3 能具备良好的美术功底 3.5.4 能分辨各种光源 3.5.5 能使用 3ds MAX 软件创建动态摄像机 3.5.6 能使用 3ds MAX 软件制作基本材质 3.5.7 能使用 3ds MAX 软件渲染动画分镜头 3.5.8 能使用 3ds MAX 软件制作各种场景模型
	3.6 后期剪辑	3.6.1 能与项目组有效沟通 3.6.2 会多渠道收集素材 3.6.3 能根据项目需求对素材进行合理分类 3.6.4 能根据制作需求对素材进行格式转换 3.6.5 能熟练掌握视频剪辑软件的操作 3.6.6 能运用图形图像处理软件 3.6.7 能运用音频处理软件 3.6.8 能根据项目需求选择合理的输出方式 3.6.9 能对素材及拍摄内容进行统一校色 3.6.10 能根据项目要求进行风格调色 3.6.11 能运用调色技巧进行高阶调色

续表

工作领域	工作任务	职业能力
4 数字修复	4.1 资料收集	4.1.1 能与项目组进行有效沟通 4.1.2 能通过多渠道收集项目资料 4.1.3 能手绘残缺图像资料 4.1.4 能对文物有效保护
	4.2 三维建模	4.2.1 能操作 CAD、SU、犀牛、MAYA、Google 地球、百度街景等软件 4.2.2 能辨别各种建筑类型 4.2.3 能熟记各种建筑尺寸 4.2.4 能熟记中国古代建筑文化、结构等基本常识 4.2.5 能运用 3ds MAX 软件对文物、建筑、雕塑等进行数字还原
	4.3 材质还原	4.3.1 能分辨并运用各种材质 4.3.2 能具备良好的构图技巧 4.3.3 能手绘修补残缺图案 4.3.4 能熟记各种光源参数 4.3.5 能创建各种残缺材质 4.3.6 能运用 3ds MAX 软件完成文物、建筑、雕塑等材质还原
	4.4 作品呈现	4.4.1 能利用数字图像呈现 4.4.2 能利用 VR/AR 呈现 4.4.3 能利用三维动画呈现 4.4.4 能利用全息投影呈现 4.4.5 能利用移动设备进行呈现

2. 计算机应用岗位（群）及专业技能（中职）（核心专业）

工作领域	工作任务	职业能力
1. 信息技术网络维护	1.1.网络的策划	1.1.1. 能掌握信息技术网络维护的基本要素和流程 1.1.2. 能收集信息技术网络建设需求资料 1.1.3. 能进行信息技术网络建设资料的初步整理 1.1.4. 能对信息技术网络建设相关资料进行初步分析 1.1.5. 能编制信息技术网络建设的基础方案
	1.2.网络的组建	1.2.1. 能理解信息技术网络建设方案 1.2.2. 能根据方案的建设要求对交换机、路由器进行基本配置 1.2.3. 能对组建的网络进行运行测试 1.2.4. 能发现测试中出现的简单故障 1.2.5. 能对组建中出现的简单故障进行处理
	1.3.网络的故障诊断	1.3.1. 能正确使用网络故障诊断的常规工具 1.3.2. 能发现网络运行过程中常规设备的一般故障 1.3.3. 能分析常规网络设备出现的一般故障的基本原因 1.3.4. 能分析网络常规操作系统出现的一般故障的基本原因
	1.4.网络的故障处理	1.4.1. 能掌握网络故障处理的技术流程 1.4.2. 会使用网络故障处理的常规工具 1.4.3. 能对出现的网络常规故障进行处理 1.4.4. 能对故障处理结果进行测试 1.4.5. 能撰写故障处理报告
	1.5 网络设备的使用	1.5.1. 能读懂常规网络设备使用说明书 1.5.2. 能掌握常规网络设备使用的操作规范 1.5.3. 能根据网络设备的操作规范进行正确操作 1.5.4. 能掌握操作网络设备的安全知识

续表

工作领域	工作任务	职业能力
2. 计算机桌面维护	2.1.软件的安装	2.1.1. 能熟悉常用软件的安装流程 2.1.2. 能按照安装流程进行安装操作 2.1.3. 能判断软件是否正常运行 2.1.4. 会进行软件的正确的卸载 2.1.5. 会清理软件卸载后出现的垃圾碎片
	2.2.硬件组装	2.2.1. 能熟悉常用硬件的组装技术规范 2.2.2. 能按照技术规范进行组装操作 2.2.3. 能判断硬件是否组装成功 2.2.4. 会进行硬件的正确的拆卸
	2.3.故障的诊断	2.3.1. 能正确使用故障诊断的常规工具 2.3.2. 能发现运行过程中出现的软件的一般故障 2.3.3. 能发现运行过程中出现的硬件的一般故障 2.3.4. 能分析软件一般故障的基本原因 2.3.5 能分析硬件一般故障的基本原因
	2.4. 软件故障的处理	2.4.1. 能熟悉常用软件故障的处理流程 2.4.2. 能正确使用软件故障处理的常用工具 2.4.3. 能对出现的软件常规故障进行处理 2.4.4. 能对软件故障处理结果进行测试 2.4.5. 能撰写软件故障处理报告
	2.5.硬件故障的处理	2.5.1. 能熟悉常用硬件故障的处理流程 2.5.2 能正确使用硬件故障处理的常用工具 2.5.3. 能对出现的硬件常规故障进行处理 2.5.4. 能对硬件故障处理结果进行测试 2.5.5. 能撰写硬件故障处理报告
3. IT 硬件营销	3.1.市场需求分析	3.1.1. 能掌握市场需求分析的流程 3.1.2. 会撰写市场分析的工作方案 3.1.3. 会收集市场需求分析的品牌、型号、性能、价格等相关数据 3.1.4. 能使用常规市场分析 Excel、Word、Acess 等常用工具软件 3.1.5. 能撰写市场分析的报告
	3.2.营销方案的编写	3.2.1. 能掌握营销方案编制的基本方法 3.2.2. 能收集营销方案编制的资料 3.2.3. 能进行营销方案资料的初步整理 3.2.4. 能根据收集的资料撰写营销的方案
	3.3.客户的培育	3.3.1 能寻找潜在客户 3.3.2 能掌握与客户沟通的技巧 3.3.3 能了解客户的需求 3.3.4 能根据客户的需求制定针对性的营销方案
	3.4.销售的实现	3.4.1 能熟悉产品销售的流程及工作要求 3.4.2 能 根据客户的需求有针对性配置销售的产品 3.4.3 能 利用相关工具向客户讲解产品的性能、价格等 3.4.4 会根据客户的需求实现成功的交易
	3.5.客户的维护	3.5.1 能熟悉客户维护的常规工作要求 3.5.2 能定期开展对客户产品使用的调查 3.5.3 能处理客户在使用过程中的常见问题 3.5.4 能在客户维护中发掘潜在的产品需求 3.5.5 能定期对客户产品使用进行巡检

续表

工作领域	工作任务	职业能力
4. IT 软件营销	4.1.市场需求分析	4.1.1. 能掌握市场需求分析的流程 4.1.2. 会撰写市场分析的工作方案 4.1.3. 会收集市场需求分析的品牌、型号、性能、价格等相关数据 4.1.4 能使用常规市场分析 Excel、Word、Acess 等常用工具软件 4.1.5. 能撰写市场分析的报告
	4.2.营销方案的编写	4.2.1. 能掌握营销方案编制的基本方法 4.2.2. 能收集营销方案编制的资料 4.2.3. 能进行营销方案资料的初步整理 4.2.4. 能根据收集的资料撰写营销的方案
	4.3.客户的培育	4.3.1 能寻找潜在客户 4.3.2 能掌握与客户沟通的技巧 4.3.3 能了解客户的需求 4.3.4 能根据客户的需求制定针对性的营销方案
	4.4.销售的实现	4.4.1 能熟悉产品销售的流程及工作要求 4.4.2 能根据客户的需求有针对性配置销售的产品 4.4.3 能利用相关工具向客户讲解产品的性能、价格等 4.4.4 会根据客户的需求实现成功的交易
	4.5.客户的维护	4.5.1 能熟悉客户维护的常规工作要求 4.5.2 能定期开展对客户产品使用的调查 4.5.3 能处理客户在使用过程中的常见问题 4.5.4 能在客户维护中发掘潜在的产品需求 4.5.5 能定期对客户产品使用进行巡检
5. 数字化文档管理	5.1.文档管理的策划	5.1.1. 能掌握文档管理的基本要求和流程 5.1.2. 能收集对文档管理的需求 5.1.3. 能进行文档管理需求的整理 5.1.4. 能对文档管理需求进行分析 5.1.5. 能编制文档管理的工作方案
	5.2.文档的录入编制	5.2.1. 能掌握文档录入编制的基本要求和流程 5.2.2. 会使用 1~2 种输入法，并达到正常工作速度的基本要求 5.2.3. 会使用 Word、Excel、PPT 等办公软件编制文档 5.2.4. 能按照各类文档的要求进行编辑排版
	5.3.文档的分类归档	5.3.1 能掌握各类文档分类归档的基本要求和流程 5.3.2 能按照要求进行分类归档 5.3.3 能根据分类归档进行目录编制 5.3.4 会进行文档的检索
	5.4.文档的应用管理	5.4.1 能掌握各类文档管理的基本要求和流程 5.4.2 会使用各种文档应用管理的工具 5.4.3 能对文档进行打印和装订 5.4.4 会使用复印机、打印机、碎纸机、扫描仪等常用办公设备 5.4.5 会针对文档的保密程度进行加密管理

3. 网络信息安全岗位（群）及专业技能（中职）

工作领域	工作任务	职业能力
1. 系统安全维护	1.1.系统身份认证	1.1.1 能掌握系统身份认证的基本要求和工作流程 1.1.2 会使用系统身份认证的工具 1.1.3 能按照要求进行系统身份认证 1.1.4 能根据系统身份认证出现的异常问题进行即时处理并与相关部门进行沟通 1.1.5 能对系统身份认证的相关数据进行统计 1.1.6 能根据系统身份认证的统计数据进行基本分析

续表

工作领域	工作任务	职业能力
1. 系统安全维护	1.2.系统访问控制	1.2.1 能掌握系统访问控制的基本要求和工作流程 1.2.2 会使用系统访问控制的工具 1.2.3 能按照要求进行系统访问控制 1.2.4 能根据系统访问控制出现的异常问题进行即时处理并与相关部门进行沟通 1.2.5 能对系统访问控制的相关数据进行统计 1.2.6 能根据系统访问控制的统计数据进行基本分析
	1.3.系统内容安全	1.3.1 能掌握系统内容安全的基本要求 1.3.2 会使用系统内容安全的工具 1.3.3 能按照要求进行系统内容安全的操作 1.3.4 能根据系统内容安全出现的异常问题进行即时处理并与相关部门进行沟通 1.3.5 能对系统内容安全的相关数据进行统计 1.3.6 能根据系统内容安全的统计数据进行基本分析
	1.4.系统监控管理	1.4.1 能掌握系统监控管理的基本要求和工作流程 1.4.2 会使用系统监控管理的工具 1.4.3 能按照要求进行系统监控管理操作 1.4.4 能根据系统监控管理出现的异常问题进行即时处理并与相关部门进行沟通 1.4.5 能对系统监控管理的相关数据进行统计 1.4.6 能根据系统监控管理的统计数据进行基本分析
	1.5.系统备份恢复	1.5.1 能掌握系统备份恢复的基本要求和工作流程 1.5.2 会使用系统备份恢复的工具 1.5.3 能按照要求进行系统备份恢复操作 1.5.4 能根据系统备份恢复出现的异常问题进行即时处理并与相关部门进行沟通 1.5.5 能对系统备份恢复的相关数据进行统计 1.5.6 能根据系统备份恢复的统计数据进行基本分析
2. 基础网络安全维护	2.1 网络身份认证	2.1.1 能掌握网络身份认证的基本要求和工作流程 2.1.2 会使用网络身份认证的工具 2.1.3 能按照要求进行网络身份认证 2.1.4 能根据网络身份认证出现的异常问题进行即时处理并与相关部门进行沟通 2.1.5 能对网络身份认证的相关数据进行统计 2.1.6 能根据网络身份认证的统计数据进行基本分析
	2.2 网络访问控制	2.2.1 能掌握网络访问控制的基本要求和工作流程 2.2.2 会使用网络访问控制的工具 2.2.3 能按照要求进行网络访问控制 2.2.4 能根据网络访问控制出现的异常问题进行即时处理并与相关部门进行沟通 2.2.5 能对网络访问控制的相关数据进行统计 2.2.6 能根据网络访问控制的统计数据进行基本分析
	2.3 网络内容安全	2.3.1 能掌握网络内容安全的基本要求 2.3.2 会使用网络内容安全的工具 2.3.3 能按照要求进行网络内容安全的操作 2.3.4 能根据网络内容安全出现的异常问题进行即时处理并与相关部门进行沟通 2.3.5 能对网络内容安全的相关数据进行统计 2.3.6 能根据网络内容安全的统计数据进行基本分析

续表

工作领域	工作任务	职业能力
2. 基础网络安全维护	2.4 网络监控管理	2.4.1 能掌握网络监控管理的基本要求和工作流程 2.4.2 会使用网络监控管理的工具 2.4.3 能按照要求进行网络监控管理操作 2.4.4 能根据网络监控管理出现的异常问题进行即时处理并与相关部门进行沟通 2.4.5 能对网络监控管理的相关数据进行统计 2.4.6 能根据网络监控管理的统计数据进行基本分析
	2.5 网络恢复	2.5.1 能掌握网络恢复的基本要求和工作流程 2.5.2 会使用网络恢复的工具 2.5.3 能按照要求进行网络恢复操作 2.5.4 能根据网络恢复出现的异常问题进行即时处理并与相关部门进行沟通 2.5.5 能对网络恢复的相关数据进行统计 2.5.6 能根据网络恢复的统计数据进行基本分析
3. 数据安全维护	3.1 数据身份认证	3.1.1 能掌握数据身份认证的基本要求和工作流程 3.1.2 会使用数据身份认证的工具 3.1.3 能按照要求进行数据身份认证 3.1.4 能根据数据身份认证出现的异常问题进行即时处理并与相关部门进行沟通 3.1.5 能对数据身份认证的相关数据进行统计 3.1.6 能根据数据身份认证的统计数据进行基本分析
	3.2 数据访问控制	3.2.1 能掌握数据访问控制的基本要求和工作流程 3.2.2 会使用数据访问控制的工具 3.2.3 能按照要求进行数据访问控制 3.2.4 能根据数据访问控制出现的异常问题进行即时处理并与相关部门进行沟通 3.2.5 能对数据访问控制的相关数据进行统计 3.2.6 能根据数据访问控制的统计数据进行基本分析
	3.3 数据内容安全	3.3.1 能掌握数据内容安全的基本要求 3.3.2 会使用数据内容安全的工具 3.3.3 能按照要求进行数据内容安全的加密操作 3.3.4 能根据数据内容安全出现的异常问题进行即时处理并与相关部门进行沟通 3.3.5 能对数据内容安全的相关数据进行统计 3.3.6 能根据数据内容安全的统计数据进行基本分析
3. 数据安全维护	3.4 数据监控管理	3.4.1 能掌握数据监控管理的基本要求和工作流程 3.4.2 会使用数据监控管理的工具 3.4.3 能按照要求进行数据监控管理操作 3.4.4 能根据数据监控管理出现的异常问题进行即时处理并与相关部门进行沟通 3.4.5 能对数据监控管理的相关数据进行统计 3.4.6 能根据数据监控管理的统计数据进行基本分析
	3.5 数据备份恢复	3.5.1 能掌握数据备份恢复的基本要求和工作流程 3.5.2 会使用数据备份恢复的工具 3.5.3 能按照要求进行数据备份恢复操作 3.5.4 能根据数据备份恢复出现的异常问题进行即时处理并与相关部门进行沟通 3.5.5 能对数据备份恢复的相关数据进行统计 3.5.6 能根据数据备份恢复的统计数据进行基本分析

续表

工作领域	工作任务	职业能力
4. 物理安全维护	4.1 建筑安全维护	4.1.1 能掌握建筑安全维护的基本要求 4.1.2 能掌握建筑安全的防护规则 4.1.3 能根据建筑安全出现的异常问题进行即时响应 4.1.4 能按照建筑安全维护要求规范记录
	4.2 机房安全维护	4.2.1 能掌握机房安全维护的基本要求 4.2.2 能掌握机房安全的维护规则 4.2.3 能根据机房安全出现的异常问题进行即时响应和处理 4.2.4 能按照机房安全维护要求规范记录 4.2.5 能根据机房安全维护记录的数据进行基本分析
	4.3 介质安全维护	4.3.1 能掌握机房安全维护的基本要求 4.3.2 能掌握机房安全的维护规则 4.3.3 能根据机房安全出现的异常问题进行即时响应和处理 4.3.4 能按照机房安全维护要求规范记录 4.3.5 能根据机房安全维护记录的数据进行基本分析
	4.4 环境监控	4.4.1 能掌握环境监控的基本要求 4.4.2 能掌握环境监控的维护规则 4.4.3 能根据环境监控出现的异常问题进行即时响应和处理 4.4.4 能按照环境监控要求规范记录 4.4.5 能根据环境监控记录的数据进行基本分析
	4.5 用电安全	4.5.1 能掌握机房用电安全维护的基本要求 4.5.2 能掌握机房用电安全的维护规则 4.5.3 能根据机房用电安全出现的异常问题进行即时响应和处理 4.5.4 能按照机房用电安全维护要求规范记录 4.5.5 能根据机房用电安全维护记录的数据进行基本分析
5. 应用安全维护	5.1 应用系统身份认证	5.1.1 能掌握应用系统身份认证的基本要求和工作流程 5.1.2 会使用应用系统身份认证的工具 5.1.3 能按照要求进行应用系统身份认证 5.1.4 能根据应用系统身份认证出现的异常问题进行即时处理并与相关部门进行沟通 5.1.5 能对应用系统身份认证的相关数据进行统计 5.1.6 能根据应用系统身份认证的统计数据进行基本分析
	5.2 应用系统访问控制	5.2.1 能掌握应用系统访问控制的基本要求和工作流程 5.2.2 会使用应用系统访问控制的工具 5.2.3 能按照要求进行应用系统访问控制 5.2.4 能根据应用系统访问控制出现的异常问题进行即时处理并与相关部门进行沟通 5.2.5 能对应用系统访问控制的相关数据进行统计 5.2.6 能根据应用系统访问控制的统计数据进行基本分析
	5.3 应用系统内容安全	5.3.1 能掌握应用系统内容安全的基本要求 5.3.2 会使用应用系统内容安全的工具 5.3.3 能按照要求进行应用系统内容安全的操作 5.3.4 能根据应用系统内容安全出现的异常问题进行即时处理并与相关部门进行沟通 5.3.5 能对应用系统内容安全的相关数据进行统计 5.3.6 能根据应用系统内容安全的统计数据进行基本分析

续表

工作领域	工作任务	职业能力
5. 应用安全维护	5.4 应用系统监控管理	5.4.1 能掌握应用系统监控管理的基本要求和工作流程 5.4.2 会使用应用系统监控管理的工具 5.4.3 能按照要求进行应用系统监控管理操作 5.4.4 能根据应用系统监控管理出现的异常问题进行即时处理并与相关部门进行沟通 5.4.5 能对应用系统监控管理的相关数据进行统计 5.4.6 能根据应用系统监控管理的统计数据进行基本分析
	5.5 应用系统备份恢复	5.5.1 能掌握应用系统备份恢复的基本要求和工作流程 5.5.2 会使用应用系统备份恢复的工具 5.5.3 能按照要求进行应用系统备份恢复操作 5.5.4 能根据应用系统备份恢复出现的异常问题进行即时处理并与相关部门进行沟通 5.5.5 能对应用系统备份恢复的相关数据进行统计 5.5.6 能根据应用系统备份恢复的统计数据进行基本分析

4. 移动互联应用技术岗位（群）及专业技能（中职）

工作领域	工作任务	职业技能
1. UI 设计	1.1.环境搭建	1.1.1 会安装 windonws 操作系统 1.1.2 会配置网络 1.1.3 会安装 photoshop 或 AI 等图形处理软件
	1.2.低保真设计	1.2.1 能正确理解产品设计要求 1.2.2 熟悉常用的交换方式特点 1.2.3 能结合产品特点正确选择交互方式
	1.3.高保真设计	1.3.1 能正确理解产品原型要求 1.3.2 会熟练使用 photoshop 制作产品 UI 图 1.3.3 会使用 photoshop 完成图形切片 1.3.4 能制作产品交互流程图
	1.4.交付管理	1.4.1 能对产品 UI 资料进行管理 1.4.2 会编写产品 UI 设计说明文档
2. 网页开发	2.1.框架搭建	2.1.1 会安装 vs studio code 2.1.2 会安装 dreamweaver 2.1.3 会使用前端辅助开发工具
	2.2.组件选择	2.2.1 熟悉常用组件性能特点 2.2.2 能根据不同浏览器使用兼容性最好的组件
	2.3.静态开发	2.3.1 熟练掌握 html 与 css 的知识 2.3.2 熟悉掌握前端框架相关知识 2.3.3 会熟练使用 dreamweaver 将产品 UI 图转换为网页文件
	2.4.功能开发	2.4.1 掌握 js 编程方法 2.4.2 会使用 vs studio 开发工具 2.4.3 会使用 vue.js 完成功能开发 2.4.4 能查看测试发现的 bug
	2.5.版本管理	2.5.1 能理解版本管理的相关知识 2.5.2 能进行版本的管理

续表

工作领域	工作任务	职业技能
3.接口对接	3.1.环境搭建	3.1.1 能安装部署 api 接口 3.1.2 能对接口进行测试
	3.2.数据交互	3.2.1 会 Restful API 调用方法 3.2.2 会使用 vue.js 完成数据绑定与提交
	3.3.第三方接入	3.3.1 能读懂第三方提供的 sdk 开发文档 3.3.2 能给予第三方 sdk 包完成对接
	3.4.接口管理	3.4.1 会接口管理的相关知识 3.4.2 能进行接口管理 3.4.3 能够明确接口和页面及功能对应关系
	3.5.版本管理	3.5.1 能理解版本管理的相关知识 3.5.2 能进行版本的管理
4. 功能测试	4.1.环境搭建	4.1.1 能进行缺陷管理 4.1.2 能对接口进行测试 4.1.3 会安装配置 fiddler 数据抓包软件 4.1.4 会安装 xmind 或 MindManager 思维导图软件
	4.2.用例编写	4.2.1 会使用 xmind 或 MindManager 思维导图软件 4.2.2 能正确理解产品设计要求 4.2.3 能使用 xmind 或 MindManager 设计测试用例
	4.3.用例测试	4.3.1 能进行接口通断测试 4.3.2 能手工完成页面功能测试 4.3.3 能用 fiddler 软件进行抓包
	4.4.结果跟踪	4.4.1 能记录 bug 信息 4.4.2 能跟踪 bug 状态
	4.5.测试报告	4.5.1 能对 bug 进行分析 4.5.2 会输出 bug 简报 4.5.3 会使用 word 撰写测试报告

5. 电子竞技运动与管理专业岗位群及专业技能（中职）

工作领域（岗位）	工作任务	职业能力
1. 电子竞技员培养	1.1 技能训练	1.1.1 能了解相关游戏的背景 1.1.2 能熟练掌握各种游戏技能（FPS、MOBA、RTS、棋牌类及其他） 1.1.3 能根据团队制定专项训练计划 1.1.4 能进行比赛相关软硬件的测试与安装 1.1.5 会进行自我心理调节 1.1.6 能有效地沟通及执行作战计划
	1.2 战术分析	1.2.1 能熟练运用 Excel 进行战术分析 1.2.2 能够熟练运用 Word 编写比赛计划 1.2.3 能对战术策略进行准确的语言表达 1.2.4 能拥有执行战术战略的能力
	1.3 赛后总结	1.3.1 能录制并保存比赛视频用于复盘 1.3.2 能对当场比赛进行详细分析 1.3.3 能对局内表现进行合理评价 1.3.4 能总结自身指挥调度出现的问题

续表

工作领域（岗位）	工作任务	职业能力
1. 电子竞技员培养	1.4 选手参赛	1.4.1 能遵守赛事的各项规章制度 1.4.2 能准确执行作战计划 1.4.3 能服从团队战略战术的具体安排 1.4.4 能自我调节及同伴互助
	1.5 专业陪练	1.5.1 能熟练掌握各种游戏技能（FPS、MOBA、RTS、棋牌类、其他） 1.5.2 能正确引导陪练对象提升技能 1.5.3 能与陪练对象进行良好的沟通交流 1.5.4 会进行自我包装及推广
2. 赛事活动及场馆运营	2.1 活动方案制定	2.1.1 能熟练操作 OFFICE 办公软件 2.1.2 能具有一定文案编辑功底 2.1.3 会统筹整个活动流程 2.1.4 能针对活动方案的可行性进行风险把控
	2.2 资源组织协调	2.2.1 能熟悉选手资源并进行有效的组织参与 2.2.2 能熟悉场地资源并有效协调场景搭建 2.2.3 能熟悉媒体资源并进行有效协调 2.2.4 会与商家进行良好的商业洽谈
	2.3 品牌宣传推广	2.3.1 能熟悉自我品牌价值 2.3.2 会依据品牌特点进行相应宣传品设计 2.3.3 会有效发布品牌宣传品
	2.4 活动方案执行	2.4.1 能正确解读各项策划或计划方案 2.4.2 能随机应变的处理现场突发事件 2.4.3 能对人力资源进行合理安排与现场调度 2.4.4 能对物料资源进行合理分配
	2.5 活动场馆维护与技术支持	2.5.1 会进行场馆会务营销 2.5.2 会对活动场馆设施设备进行更新 2.5.3 能对场馆设施设备进行基础维修
3. 数据分析	3.1 数据收集	3.1.1 能具有对电竞数据的高度市场敏锐性 3.1.2 会进行项目数据采集
	3.2 电竞数据报表设计	3.2.1 能熟练操作 Excel 软件 3.2.2 能熟练进行数据清洗、分析、统计 3.2.3 能根据数据统计结果做出数据报告
4. 新媒体运营及推广	4.1 电竞媒体编辑	4.1.1 能具有一定文案编辑功底 4.1.2 能具有一定的平面设计能力 4.1.3 能读懂电竞产业报告并深刻理解 4.1.4 能熟悉各大网络平台商务推广政策
	4.2 网生内容制作（制作发布电竞活动的音频视频内容）	4.2.1 能熟练的运用基础视频拍摄软件 4.2.2 能够熟练编写视频脚本 4.2.3 能独立拍摄简单短视频 4.2.4 能对短视频进行音频与视频剪辑
	4.3 自媒体推广	4.3.1 会使用各大自媒体平台 4.3.2 能随时掌握并更新产业动态发布 4.3.3 能搜集并加入国内自媒体行业推广的各大工会以及互粉群 4.3.4 会包装自身品牌，擅长互动关系营销导流并提高影响力

续表

工作领域（岗位）	工作任务	职业能力
5. 主播运营	5.1 娱乐展示	5.1.1 能熟练掌握各种游戏技能（FPS、MOBA、RTS、棋牌类、其他） 5.1.2 能通过语言与观众进行良性互动 5.1.3 能正面积极处理负面信息，拥有良好心理素质
	5.2 商务营销	5.2.1 能拥有良好的商务谈判能力 5.2.2 会独立制作营销策划方案 5.2.3 能有较强的执行力 5.2.4 能有较强的逻辑思维能力
	5.3 流量引入	5.3.1 能针对性的对目标人群进行高效的流量引入 5.3.2 会与大主播保持良好联系，并增加流量引入
6. 主持解说	6.1 线上线下赛事解说	6.1.1 能熟练掌握各种游戏技能（FPS、MOBA、RTS、棋牌类、其他） 6.1.2 能流畅的解说各大电子竞技项目 6.1.3 能对各大电子竞技项目有独到的见解 6.1.4 能熟练运用专业解说知识融会贯通解决突发问题
	6.2 线上流量引入	6.2.1 能针对性的对目标人群进行高效的流量引入 6.2.2 能拥有大主播资源，与其互动后增加流量引入
	6.3 现场氛围营造	6.3.1 能提高观众对于现场比赛的参与度 6.3.2 会机敏地控制现场并根据现场情况掌控观众的情绪点
	6.4 产品介绍和推广	6.4.1 能清楚且快速的使用普通话流畅表达 6.4.2 能在规定时间内完成广告推广

六、大数据技术应用专业岗位群及专业技能（中职）

工作领域	工作任务	职业技能
1. 数据准备	1.1 数据源确定	1.1.1 能够熟练使用搜索引擎检索数据 1.1.2 能够在指导下选用合适的数据源 1.1.3 能够在指导下明确正确的数据规格
	1.2 环境准备	1.2.1 能够熟练安装所需的数据软件 1.2.2 能够独立配置正确的参数设置
	1.3 数据读取	1.3.1 能够独立明确正确的数据路径 1.3.2 能够独立建立正确数据连接 1.3.3 能够熟练使用数据软件读取数据
	1.4 数据筛选	1.4.1 能够根据需求熟练的选择数据 1.4.2 能够根据需求独立屏蔽数据噪音
2. 数据处理	2.1 环境搭建	2.1.1 能够熟练安装所需的数据处理软件 2.1.2 能够独立配置正确的参数设置
	2.2 数据空值处理	2.2.1 能够根据需求去除空值 2.2.2 能够根据需求填充空值
	2.3 数据异常处理	2.3.1 能够根据需求去除异常值 2.3.2 能够根据需求修订异常值
	2.4 数据重复处理	2.4.1 能够根据需求去除重复值 2.4.2 能够根据需求保留重复值
	2.5 数据转换	2.5.1 能够转换数据单位 2.5.2 能够转换数据数值 2.5.3 能够转换数据格式 2.5.4 能够转置数据

续表

工作领域	工作任务	职业技能
2. 数据处理	2.6 数据整合	2.6.1 能够拼接数据 2.6.2 能够连接数据 2.6.3 能够聚合数据
3. 数据存储	3.1 环境搭建	3.1.1 能够安装所需的数据存储软件 3.1.2 能够独立配置正确的参数设置
	3.2 数据文件存储	3.2.1 能够选择正确的数据文件格式 3.2.2 能够选择合适的数据存储为数据文件
	3.3 数据库存储	3.3.1 能够选择正确的数据库、数据表 3.3.2 能够选择合适的数据存储为数据表
	3.4 大数据平台存储	3.4.1 能够选择正确的数据存储形式 3.4.2 能够选择合适的数据存储到大数据平台
4. 数据分析	4.1 需求分析	4.1.1 能够确定分析目标 4.1.2 能够理解分析背景 4.1.3 能够识读分析方案 4.1.4 能够根据分析方案制定工作计划
	4.2 业务理解	4.2.1 能够运用分析思维理解业务 4.2.2 能够根据业务情况制定核心业务指标 4.2.3 能够根据业务情况分解核心业务指标 4.2.4 能够根据业务情况使用思维导图软件呈现业务理解
	4.3 环境搭建	4.3.1 能够安装所需的数据分析软件 4.3.2 能够独立配置正确的参数设置
	4.4 工具选择	4.4.1 能够根据成本选择合适的分析工具 4.4.2 能够根据任务复杂性选择合适的分析工具
	4.5 任务实施	4.5.1 能够根据工作计划选用合适的分析流程及方法 4.5.2 能够根据工作计划安排工作时间 4.5.3 能够根据工作计划完成工作任务
5. 数据呈现	5.1 环境搭建	5.1.1 能够安装所需的数据呈现软件 5.1.2 能够独立配置正确的参数设置
	5.2 工具选择	5.2.1 能够根据需求选择合适的汇报工具 5.2.2 能够根据任务复杂性选择合适的汇报工具
	5.3 数据图表选择	5.3.1 能够根据需求选择直方图、折线图、饼图等常规数据图表 5.3.2 能够根据需求选择热力图、地图、箱图等高级数据图表 5.3.3 能够导出数据图表
	5.4 数据仪表盘构建	5.4.1 能够创建仪表盘 5.4.2 能够设置仪表盘大小和布局 5.4.3 能够根据不同的终端设备适配不同的仪表盘 5.4.4 能够导出仪表盘
	5.5 数据故事准备	5.5.1 能够创建数据故事 5.5.2 能够在指导下理清数据故事的脉络关系 5.5.3 能够清晰讲述数据故事
	5.6 数据报告	5.6.1 能够通过数据报告展示数据结果 5.6.2 能够通过数据报告验证分析质量 5.6.3 能够通过数据报告提出相应的业务建议

七、广播影视节目制作专业岗位群及专业技能（中职）

工作领域	工作任务	职业能力
1 文案策划	1.1 客户需求沟通	1.1.1 能运用商业接待礼仪接待客户 1.1.2 能有效与客户沟通，快速捕捉客户需求 1.1.3 能根据客户成片要求，快速地预估项目费用 1.1.4 能清晰地向客户介绍各个价位的服务项目 1.1.5 能有效跟进并促成客户签单
	1.2 剧本创作	1.2.1 能根据客户需求定位剧本风格 1.2.2 能使用中外传统文学、影视文学知识进行剧本的初始创作 1.2.3 能根据影视、戏剧、广告、专题片运作的相关流程操作对剧本进行影视化完善 1.2.4 能使用电视、戏剧表现手法对剧本进行影视化完善
	1.3 脚本创作	1.3.1 能充分理解剧本创作意图、故事梗概、艺术意境等 1.3.2 能使用景别、拍摄角度表述故事发展 1.3.3 能运用拍摄手法进行场景划分、镜头划分 1.3.4 能初步定义角色 1.3.5 能运用文字或图像的方式进行分镜头，并完成分镜头脚本
	1.4 项目预算	1.4.1 能收集市场相关设备的租售行情 1.4.2 能按照剧本结合预算筛选及定制相关设备 1.4.3 能了解演员及相关工作人员片酬 1.4.4 能结合项目合理联系拍摄场地，租用服装、道具等事项 1.4.5 能合理控制预算 1.4.6 能依法合规性执行项目
2 前期拍摄	2.1 现场统筹	2.1.1 能协调沟通现场各部门相互配合工作，确保拍摄按照拍摄计划执行 2.1.2 能及时有效与合作单位沟通协调及后期维护 2.1.3 能实时关注现场及时应对突发情况，确保片场人员及设备安全 2.1.4 能与各部门及时沟通跟进，以保障所有的拍摄计划和任务正常进行 2.1.5 能对拍摄现场收集资料的整理、分析，并形成下次项目的改进意见 2.1.6 能对演员表演提出指导，掌握拍摄现场的场面调度的作用及方法
	2.2 现场拍摄	2.2.1 能根据拍摄需要调整摄像机参数，并对摄像机作日常维护 2.2.2 能准确调整白平衡、光圈、聚焦 2.2.3 能灵活使用不同景别拍摄，拍摄画面应当符合影视构图规则 2.2.4 能正确手持执机、使用三脚架架设摄像机 2.2.5 能使用推、拉、摇、移、跟、升降等技巧拍摄 2.2.6 会使用斯坦尼康稳定器、无人机辅助拍摄 2.2.7 能正确使用轨道、摇臂辅助拍摄
	2.3 现场录音	2.3.1 能根据拍摄环境和收音要求正确选择话筒 2.3.2 能安装调试录音设备，正确连接其他功放设备 2.3.3 能熟练使用摄像机话筒进行现场收音 2.3.4 会使用辅助录音设备（无线话筒、挑杆话筒等）进行现场收音
	2.4 现场灯光	2.4.1 能根据拍摄环境正确选择灯光种类 2.4.2 能利用自然光辅助拍摄 2.4.3 能根据拍摄环境（室内、室外、夜晚、特殊环境等）搭建人造光源辅助拍摄 2.4.4 能根据拍摄要求选择适当的布光类型

续表

工作领域	工作任务	职业能力
3. 后期剪辑	3.1 素材收集整理	3.1.1 能与项目组成员有效沟通，收集和整理各成员制作意见 3.1.2 会多渠道、多手段收集视频、音频、图片等素材 3.1.3 能根据项目需求和各项目分工情况，对素材进行合理分类 3.1.4 能根据制作的具体需要对素材进行格式转换
	3.2 剧本剪辑及样片输出	3.2.1 能熟练调整剪辑软件的界面布局，根据项目需求设置首选项 3.2.2 能正确设置项目的基本参数，建立工程文件，导入素材并归类，做好剪辑准备 3.2.3 能熟练使用编辑工具，能灵活使用监视器窗口，能熟练使用时间线窗口、轨道、工具箱，能灵活使用各种转场特效 3.2.4 能根据具体需要灵活选择不同的方式进行视频剪辑，镜头组接应当符合视听语言规律，剪辑效果自然流畅 3.2.5 能熟练剪辑音频，根据制作需要制作音效 3.2.6 能使用字幕工具创建静态字幕、动态字幕、图形，创作的字幕样式应当符合影片整体风格 3.2.7 能使用素材的基本属性制作简单动画（缩放、旋转、透明度、位置），能够熟练使用时间重映射进行素材速率缩放 3.2.8 能正确设置握渲染输出的参数，实时输出影片；能批处理渲染输出影片；会使用各种编码解码器
4. 后期包装	4.1 色调处理	4.1.1 能对显示器进行色彩矫正，灵活使用软件的示波器、直方图、分量工具判断素材色差 4.1.2 能对视频素材、图片素材校色，统一素材色调 4.1.3 能对影片进行一级调色处理，影片色调应当符合影片风格 4.1.4 会一定的二级调色技巧，对影片局部色彩进行精修 4.1.5 能正确选择风格化模板对影片进行快速调色
	4.2 特效处理	4.2.1 能绘制复杂几何图形，制作引导层动画、遮罩动画、形状补间动画等二维动画效果 4.2.2 能根据项目需求制作简单三维模型（标题字、logo 等），根据影片需要添加材质，制作简单三维动画 4.2.3 能熟练使用文字特效工具（范围选择控制器等），按照项目要求制作文字特效 4.2.4 能熟练使用特效软件自带的光效功能制作基本光影效果，能熟练使用软件自带的模拟仿真特效制作粒子动画、碎片动画 4.2.5 能根据项目需求使用跟踪摄像机、变形稳定器、跟踪运动、稳定运动等效果 4.2.6 会使用表达式制作特效、根据最终效果灵活准确调整表达式的参数 4.2.7 能灵活选择适当的方法制作遮罩效果 4.2.8 能根据不同的素材选择合适的抠像方法制作抠像效果
	4.3 成片合成	4.3.1 能熟练进行多软件之间的相互唤醒 4.3.2 会排除工程文件中未使用的素材文件，对工程文件打包并进行转移 4.3.3 能对片头、主片、片尾进行视频衔接，对成片配音配乐，能做最终的音画合成 4.3.4 能根据项目需求设置输出参数完成最终成片输出，成片应当具备艺术性和感染力

（五）现代信息技术专业群相关岗位群职业素养分析

素养类别	素养内容
职业道德	● 未经允许不拷贝公司和客户的资料 ● 能保守客户和公司机密 ● 能够自觉遵守企业的规章制度
合作意识	● 具有积极协助同事完成工作任务的意识 ● 能够按照承诺完成和完善自己的工作任务 ● 能够与同项目组成员协商，确定营销方案
质量意识	● 能够将顾客的利益放在首位 ● 能够及时准确提供营销及维护方案 ● 能够根据客户和主管的要求进行工作方案的调整 ● 具有对产品使用过程中出现的问题进行维护的意识
服务意识	● 能与客户和主管及时沟通工作进展状况 ● 能及时收集产品销售信息，分析市场走向 ● 能及时为客户提供技术支持
学习意识	● 能够经常向公司内部员工、行业优秀员工、客户学习新知识 ● 能够通过网络、图书及时更新自己的专业知识及理念

六、校内现代信息技术专业群内专业调研

（一）数字媒体专业（专业群核心专业）

1. 基本情况：

我校数字媒体技术应用专业创办于 2007 年，是全国首批改革发展示范专业，重庆市现代学徒制试点专业。2008 年起，学校先后与重庆北方影视公司、重庆巨蟹数码影像有限公司等数字媒体企业签订了联合办学的协议，并依托行业快速发展优势，采用“1+1+1”的精品班合作模式与企业联合办学，培养适应社会需求的复合型数字媒体人才。

2. 专业优势

该专业为全国示范专业，拥有设备精良的国家级实训基地、数字媒体制作中心，为学生提供实习场所近 400 平方米，计算机 260 台，设备价值 100 余万元。

师资力量雄厚，成果丰富。现有专任教师 67 名，其中，研究员教师 2 名，特级教师 1 名，高级教师 24 名，市级名师 2 名，本科学历达 100%，双师型教师占专业教师的 89%。专业教师撰写论文、开发软件获国家级一等奖 11 人次，编写五十多本专业教材在全国出版发行。近年来，学生参加全国职业院校技能大赛，先后获得信息技术类项目金牌 5 枚。

该专业发展较为稳定，培养学生深受社会欢迎，在市内具有一定影响力。

3. 专业劣势

因教师招聘受限，师资结构问题日益突出，对专业发展带来一定负面影响。

（二）计算机应用专业（专业群核心专业）

1. 基本情况

计算机应用专业是重庆市示范特色骨干专业，拥有国家级实训基地和重庆市重点建设实训基地，培养学生计算机操作维护能力和网络维护能力。二十年的专业建设，形成了一支专兼结合、结构合理的师资队伍。培养从事办公自动化、计算机管理与维护、计算机营销或软件开发等工作的计算机应用型人才和具有网络应用、管理建立和维护网站、维护网络信息中心和图形图像处理等能力的中级应用型人才。学生入学后经学业评估，可选择就业或升学。

2. 专业优势

计算机专业是计算机部老牌专业，师资力量雄厚，优秀学生众多，具有一定社会影响力。

学生在全国职业院校技能大赛中，获“计算机硬检与维护”“网络综合布线”和“网络空间安全”等项目金奖，高考连续多年创下升学率100%的佳绩。

3. 专业劣势

师资结构不合理，专业结构成熟反而制约了改革发展效果。

七、专业群建设建议

（一）专业结构优化调整

1. 专业结构调整。继续深入开展计算机应用及数字媒体核心专业对应产业发展现状、趋势和技术技能人才需求调研，制定未来三年专业结构调整规划。建立健全适应产业优化升级的专业动态调整机制，提高人才培养的适应性和针对性。

2. 专业群构建。以现有专业为基础，按照基础相通、技术相近、职业岗位相关、教学资源共享的原则构建计算机应用+数字媒体技术应用的双核心专业群。以计算机应用和数字媒体技术应用两门优势专业为核心，辐射影响专业群其他六个专业，以核心专业带动专业群整体发展。

（二）人才培养模式与课程体系改革

1. 人才培养模式改革。全面修订人才培养方案，群内专业人才培养方案适应产业转型升级及产业链的岗位需求，既相对独立，又互相联系；既能实现群内资源共建共享，又能体现产业岗位细化的前瞻性。

2. 课程体系改革。按照确保学生职业能力、职业素养整体提升的要求，以“基础模块+专业模块+素养模块”的形式，注重群内相通或相近的专业基础课程和技能课程建设，系统构建专业群构建“底层共享，中层分立，高层互选”的课程体系。

3. 数字化教学资源建设。按照群内专业课程资源共建共享原则，建设数字化教学资源。建立健全一线教师应用数字化教学资源进行教学的机制，探索建设空间课程、微课程和职业教育MOOC。

4. 实训教学体系建设。构建实训教学体系，注重与职业资格标准和岗位要求对接，与典型工作任务对接，与工作过程对接。强化实训教学，实训教学时间不低于专业总课时的50%。

（三）实训基地建设

1. 校内实训基地建设。按照群内共享的原则，整合校内资源，建设专业群实训基地。根据专业特点，按照“理实一体”原则，建设真实、仿真的项目教室、项目工作室等，项目开出率达100%。

2. 校外实训基地建设。按照校企合作、共建共享的原则，建设相对稳定的校外实训基地，满足生产性实训和顶岗实习需要。

（四）教学团队建设

1. 专业群带头人队伍建设。以核心专业带头人为引领、群内其他专业带头人为骨干，建设一支高水平、专业优势互补的专业群带头人队伍。

2. 骨干教师队伍建设。采取培养、引进、外聘等多种方式，建设一支在专业群建设中发挥中坚作用、满足教学需要、相对稳定、资源共享的专业骨干教师队伍。

3. 兼职教师队伍建设。建立健全校企共建教师队伍机制，聘用有实践经验的行业专家、企业工程技术人员、高技能人才和社会能工巧匠担任兼职教师，建设一支以企业（行业）技术人员为主体、相对稳定、动态更新的兼职教师队伍。

（五）专业群发展机制建设

1. 校企合作体制机制建设。按照“人才共育、过程共管、成果共享、责任共担”的要求，创新专业群校企共建机制。完善专业共建、教师企业实践、顶岗实习管理、实习责任保险等校企合作制度。

2. 教学管理机制建设。教学常规管理制度健全并执行到位。充分利用网络和现代教育技术推行信息化管理，全面建立适应技术技能人才培养要求的质量评价和保障体系。在学生素质养成方面通过学科渗透，以拓展的方式，把学生的素质养成与课程之间有机地结合在一起。如语文教学中的企业家精神分析、营销课中的诚信教育、心理学中的人际交往、体育课中的团队意识等内容相融合，全面提高学生的素养。抓好实习实训环节，加强学生对职场竞争、就业压力等的体验，实现专业文化与企业文化的对接，重视学生的职业形象、职业心态、职业道德以及职场角色的意识和规则等方面的体验与反思。从而全面提高学生对未来现代信息技术产业就业环境的调适能力。

3. 统筹发展机制建设

密切关注区域相关产业发展，实时跟踪职业岗位新技术、新要求，主动适应产业需求，相关合作企业积极参与专业群建设，主动提供人员、技术、设备等支持，实现专业群与产业协同发展。

注：调研工具包括：调研问卷、访谈提纲、座谈提纲

部分资料来源：《重庆市南岸区移动终端产业发展规划（2016-2020年）》《中国ICT人才生态白皮书》《工业和信息化部关于印发软件和信息技术服务业发展规划（2016－2020年）的通知》（工信部规〔2016〕425号）、“十三五”国家科技创新规划、《重庆市科技创新“十三五”规划》《“十三五”国家战略性新兴产业发展规划》《重庆市人民政府关于印发重庆市“十三五”信息化规划的通知》（渝府发〔2017〕32号）、《数字中国建设发展报告（2018年）》

6.2 现代信息技术专业群人才培养方案

重庆市龙门浩职业中学校
重庆市高水平中等职业学校建设
现代信息技术专业群建设项目
人才培养方案

一、专业群名称

现代信息技术专业群：包含：大数据技术与应用（610215）、电子竞技运动与管理

（674011）、虚拟现实技术应用（610216）、移动互联技术应用（610115）、计算机应用（090100）、数字媒体技术应用（090200）、网络信息安全（092000）、广播影视节目制作（140200）

二、入学要求

初中毕业生或具有同等学力者。

三、修业年限

3年

四、职业面向

所属专业大类（代码）	所属专业（代码）	主要职业类别（代码）
信息技术（09）	计算机应用（090100）	计算机硬件工程技术人员（2-02-10-02） 计算机软件工程技术人员（2-02-10-03） 信息管理工程技术人员（2-02-30-08） 打字员（3-01-02-05） 速录师（3-01-02-06） 网络与信息安全管理员（4-04-04-02） 计算机程序设计员（4-04-05-01） 计算机软件测试员（4-04-05-02） 计算机维修工（4-12-02-01） 办公设备维修工（4-12-02-02） 计算机及外部设备装配调试员（6-25-03-00）
信息技术（09）	数字媒体技术应用（090200）	剪辑师（2-09-03006） 视觉传达设计人员（2-09-06-01） 数字媒体艺术专业人员（2-09-06-07） 音像电子出版物编辑（2-10-02-04） 商业摄影师（4-13-02-01） 影视置景制作员（4-13-02-01） 电视摄像员（4-13-02-09）
信息技术（09）	移动应用技术服务（新增）	计算机软件工程技术人员（2-02-10-03） 计算机程序设计员（4-04-05-01） 计算机软件测试员（4-04-05-02） 其他信息传输、软件和信息技术服务人员（4-04-99）
信息技术（09）	网络信息安全（新增）	信息安全工程技术人员（2-02-10-07） 信息系统运行维护工程技术人员（2-02-10-08） 网络与信息安全管理员（4-04-04-02） 信息通信信息化系统管理员（4-04-04-03）
文化艺术类（14）	广播影视节目制作（140200）	影视置景制作员（4-13-02-01） 动画制作员（4-13-02-02） 照明工（4-13-02-07） 电视摄像员（4-13-02-09） 剪辑师（2-09-03-06）
体育与健身类（15）	电子运动竞技运动与管理（新增）	文化、娱乐、体育经纪代理人员（4-13-05）
信息技术（09）	大数据技术与应用（610215）	信息系统运行维护工程技术员 数据分析处理工程技术员 信息管理工程技术员
信息技术（09）	虚拟现实技术应用（610216）	项目交互功能开发 模型及动画制作

五、培养目标与培养规格

（一）总体培养目标

专业群坚持立德树人，面向信息技术产业岗位群，培养能从事以下工作的德智体美劳全面发展的高素质技能人才。

大数据技术应用专业：能在计算机与互联网企业中从事系统集成或售后服务、数据处理与分析、信息系统的建设、管理、运行、维护，适应新形势下新兴的“互联网+”行业的工作。

电子竞技运动与管理专业：面向各大电竞公司、门户网站与直播平台，致力于电竞选手、专业的编导，导播，赛事运营，数据分析，俱乐部运营等管理、专业的电竞项目解说，主持人，主播，短视频作者，经纪人，裁判等赛事活动工作。

广播影视节目制作专业：面向影视行业企业，在各级、各类电视台及其他影视制作单位从事各类影视节目采写、拍摄、编辑、制作及相关工作。

计算机应用专业：面向计算机技术的应用领域，从事计算机及相关设备的使用、维护、管理，以及相关领域的软件与硬件操作、办公应用和信息处理等操作或产品销售工作。

数字媒体技术应用专业：从事小区、工业园区等建筑商业动画制作、影视合成处理、三维广告装饰设计、游戏场景制作、影视片头包装、多媒体制作等行业方面的设计制作技术工作。

网络信息安全专业：面向各大电竞公司、门户网站与直播平台，致力于电竞选手、专业的编导，导播，赛事运营，数据分析，俱乐部运营等管理人员、专业的电竞项目解说，主持人，主播，短视频作者，经纪人，裁判等赛事工作。

虚拟现实技术专业：面向中小企事业单位，从事系统安全维护、基础网络安全维护、数据安全维护、应用安全维护等领域的工作，也能在 IT 企业从事网络安全产品营销和技术服务工作。

移动互联技术专业：能够胜任智能系统中移动应用系统的设计、移动互联网平台的系统集成与部署、移动信息系统的维护和管理等工作。

（二）总体培养规格

本专业毕业生应在素质、知识和能力等方面达到如下要求：

1. 专业群素质要求

（1）坚决拥护中国共产党的领导，树立中国特色社会主义共同理想，践行社会主义核心价值观，具有深厚的爱国情感和中华民族自豪感。

（2）具有良好的职业道德，能自觉遵守行业法规、规范和企业规章制度。

（3）具有良好的人际交往、团队协作能力和客户服务意识。

（4）具有追求卓越的创造精神和精益求精的优秀品质。

（5）具有计算机应用相关的信息安全、知识产权保护和质量规范意识。

（6）具有主动获取前沿技术信息、学习新知识的能力和意识。

2.专业群基础能力要求

（1）专业能力

（2）文字表达能力

（3）人际交往能力

（4）终身学习能力

3.专业群职业能力要求

- 大数据技术应用专业

（1）对大数据基础架构和平台有深刻的理解。

（2）具有基本的编程思想、掌握程序设计基础知识及编程规范。

（3）理解面向对象的思想、熟练掌握 Java 语言编程的知识。

（4）掌握 SQL Server 等大中型数据库应用及管理知识。

（5）逻辑思维能力强，具备较强的文档编写和良好的沟通表达能力。

- 广播影视节目制作

（1）具备一定的计算机软、硬件知识，熟练掌握操作系统的基本操作；

（2）对专业设备（灯光、录音、摄像、采编）的安装、连接、调试、维护有一定了解；

（3）掌握计算机美术基础的知识；了解计算机图形学的相关理论；掌握景别，运动画面构图原则；

（4）了解影视脚本的结构和书写规范，能划分分镜头，掌握分镜头脚本书写；

（5）掌握广播级数字摄像机的调试和基本操作技巧（固定镜头拍摄、推、拉、摇、移、跟、升降）掌握数码相机的调试和拍摄技巧；

（6）掌握摇臂、轨道车、升降机、稳定器（斯坦尼康）等辅助拍摄设备的使用技巧；

（7）掌握影视灯具的架设方式，了解布光原则，掌握常用布光类型；

（8）掌握现场录音设备的架设方式，了解现场收音原则，掌握常用同期声录制方式。

（9）能进行现场调度；

（10）掌握数字媒体的基础理论知识；了解影视美术设计、人物造型设计的基础理论知识。

（11）了解视觉艺术美学，掌握基本的视听语言理论；

（12）掌握剪辑软件的使用方法；掌握基本的剪辑技巧，了解类型片（现场、新闻、专题片、宣传片、广告、OCR、MV、微电影等）的剪辑模式；

（13）具备一定的二维动画制作能力；

（14）具备一定的三维动画制作能力；

（15）掌握视频特效和视频合成的基础知识，能根据需要制作影视包装。

- 计算机应用

（1）具有熟练的中英文录入能力，掌握文字排版技能。

（2）具有计算机应用基础知识，具有熟练操作计算机和应用办公软件的能力。

（3）具有计算机网络基础知识和技能。

（4）具有计算机应用领域常用工具软件的应用能力。

（5）掌握计算机程序设计的基本概念，具有开发计算机简单功能应用的能力。

（6）具有多媒体素材处理、简单的动画设计能力。

（7）具有使用数据库系统开发简单应用程序的基本能力。

（8）掌握网页设计与制作的基础知识和规范要求，具有建立网站、制作网页的能力。

（9）具有计算机系统组装和简单故障排除及维护的能力。

● 数字媒体技术应用

（1）熟练掌握 Windows 系统的基本操作，具备一定的计算机软件和硬件知识。

（2）知道平面构成、色彩构成和立体构成的知识，熟练掌握构成设计中的基本要求、构成的形式和方法。

（3）掌握各种建筑模型中，画面的构图关系。

（4）了解色彩的构成原理和搭配原理，掌握在作品中色彩的运用。

（5）掌握基础建模、复合建模、多边形建模。

（6）了解图片处理、像素与位数概念，掌握 UV 贴图的操作方法，熟练掌握 Photoshop 的基本操作和图像的处理技巧。

（7）掌握构图知识，了解色彩构成原理和色彩搭配原理，掌握色彩在作品中的运用原则。

（8）掌握材质的编辑方法，掌握编辑不同属性的材质及材质动画的知识。

（9）掌握一定园艺知识和建筑知识，具备按照客户的要求对物体的表面覆盖颜色或者贴图的能力。

（10）了解标准灯光及光度计灯光的参数设置，掌握渲染输出的设置方法。

（11）会制作粒子系统，了解刚体、流体动力学知识。

（12）掌握字幕及制作的相关知识，了解音频合成、色彩的校正、电视制式、通道的合成及输出格式转换。

（13）掌握色彩与版式、影视合成剪辑配音的知识，掌握 AE 和 Premiere 的使用方法。

● 网络信息安全

（1）具有熟练的中英文录入能力，掌握文字排版技能。

（2）具有计算机应用基础知识，具有熟练操作计算机和应用办公软件的能力。

（3）具有计算机网络基础知识和技能。

（4）具有网络操作系统基础知识和技能。

（5）掌握计算机程序设计的基本概念，具有开发计算机简单功能应用的能力。

（6）掌握常用网络模型体系结构，具有组建基础网络的能力。

（7）具有使用数据库工具开发计算机简单功能应用的基本能力。

（8）掌握网页设计与制作的基础知识和规范要求，具有建立网站、制作网页的能力。

（9）具有计算机硬件拆装、系统组装和简单故障排除及维护的能力。

● 移动互联技术应用

（1）具有熟练的中英文录入能力，掌握文字排版技能。

（2）具有计算机应用基础知识，具有熟练操作计算机和应用办公软件的能力。

（3）具有计算机网络基础知识和技能。

（4）具有计算机应用领域常用工具软件的应用能力。

（5）具有使用数据库工具开发计算机简单功能应用的基本能力。

（6）掌握网页设计与制作的基础知识和规范要求，具有建立网站、制作网页的能力。

（7）具有计算机硬件拆装、系统组装和简单故障排除及维护的能力。

六、课程设置及要求

（一）课程设置

为落实立德树人根本任务，把思想政治工作贯穿教育教学全过程，需深入发掘各类课程的思想政治理论教育资源。形成以思政课程为核心，综合素养课程为骨干，专业课程思政为支撑的大思政教育体系，实现全员育人、全程育人、全方位育人。通过构建“公共基础平台+专业群基础平台+专业方向模块”的模块化课程体系，实行“大专业进、小专业出”个性化人才培养，课程内容与 X 证书融通。

1. 公共基础平台设置

公共基础课程包括根据学生全面发展需要设置的思想政治、语文、历史、数学、英语、信息技术、体育与健康、艺术必修课，还包括根据学生职业发展设置的中华优秀传统文化、劳动教育、职业素养等限定选修课程，以及根据地方及学校特色和学生多样化需求开设的任意选修课程。

2. 专业群基础平台设置

根据专业群各典型工作任务共有的基本职业能力归并到一起，组合成专业基础课程平台。将以知识学习为主的职业能力（或者共有的知识点）归并到一起，构建基础理实一体化课程，包括：计算机网络基础、办公软件应用、图形图像处理。

3. 专业方向模块课程

序号	模块名称	课程
1	操作基础	计算机基础、常用工具软件、计算机组装与维护
2	计算机硬件	办公设备使用与维护、数码产品使用与维护
3	操作系统	操作系统管理（Linux）、操作系统管理（windows）
4	图形处理	矢量平面设计、UI 设计、建筑 CAD 识图与处理
5	1+X 证书	JavaScript+jQuery、HTML5+CSS
6	系统安全	数据备份与恢复、计算机病毒防护 Windows 系统安全防护技术、系统安全防护技术
7	程序设计	程序设计（Java）、程序设计（Python） 程序设计（C#）、计算机编程基础
8	大数据	大数据可视化、大数据基础及应用 分布式存储技术应用
9	数据库	数据库应用基础、数据库高级应用 MySQL 数据库基础
10	网络技术	网络配置与管理、网络攻防技术 网络信息安全概论
11	美术基础	色彩 素描
12	多媒体技术	多媒体制作 数字媒体技术基础
13	影视技术	摄影摄像、影视鉴赏 影视包装、非线性编辑

续表

序号	模块名称	课程
14	三维制作	三维动画制作、3D 草图（SketchUP） 三维建筑表现
15	营销	信息化管理与运作、市场营销 现代信息技术实务
16	虚拟技术	虚拟化管理技术应用 VR 应用设计与开发
17	电子竞技管理	电子竞技概论、电子竞技赛事运营与管理 电竞赛事策划与执行
18	电子竞技操作	电子竞技网络直播、电子竞技解说 电子竞技节目制作
19	游戏	游戏引擎技术基础（Unity）、MOBA 类游戏训练 FPS 类游戏训练
20	网页设计	网页设计与制作
21	办公文秘	文书与档案管理

4.专业拓展模块课程

序号	名称	课程
1	大数据	大数据处理技术应用、数据结构与算法 Python 数据分析
2	建筑学	建筑学基础、风景建筑学、市政建筑学
3	影视技术	影视编辑、影片调色 影视理论、全景拍摄
4	数字媒体	数字影音编辑与合成 数字媒体技术
5	网页	Web 开发技术
6	营销	网络营销
7	软件	软件测试

现代信息技术专业群课程结构

专业	大数据基础及应用专业	移动互联技术应用专业	计算机应用专业	网络信息安全专业	广播影视节目制作专业	数字媒体技术应用专业	电子竞技运动与管理专业	虚拟现实技术专业
专业实习模块	校内专业实训及综合实训、校外认知实习、跟岗实习							
拓展模块课程	模块 1 大数据 模块 2 建筑学 模块 3 影视技术 模块 4 数字技术 模块 5 网页 模块 6 营销 模块 7 软件							
专业方向模块课程	模块 1 操作基础	模块 1 操作基础	模块 1 操作基础					
	模块 3 操作系统	模块 2 计算机硬件	模块 2 计算机硬件					模块 7 程序设计

续表

专业	大数据基础及应用专业	移动互联技术应用专业	计算机应用专业	网络信息安全专业	广播影视节目制作专业	数字媒体技术应用专业	电子竞技运动与管理专业	虚拟现实技术专业
专业方向模块课程	模块 5 1+X 证书	模块 4 图形处理	模块 9 数据库	模块 1 操作基础		模块 1 操作基础	模块 1 操作基础	模块 11 美术基础
	模块 7 程序设计	模块 5 1+X 证书	模块 12 多媒体技术	模块 3 操作系统	模块 1 操作基础	模块 4 图形处理	模块 2 计算机硬件	模块 12 多媒体技术
	模块 8 大数据	模块 7 程序设计	模块 15 营销	模块 6 系统安全	模块 12 多媒体技术	模块 11 美术基础	模块 17 电子竞技管理	模块 14 三维制作
	模块 9 数据库	模块 9 数据库	模块 20 网页设计	模块 7 程序设计	模块 13 影视技术	模块 12 多媒体技术	模块 18 电子竞技操作	模块 16 虚拟技术
	模块 10 网络技术	模块 12 多媒体技术	模块 21 办公文秘	模块 10 网络技术	模块 14 三维制作	模块 14 三维制作	模块 19 游戏	模块 19 游戏
共享平台课	专业群平台课：计算机网络基础　办公软件应用　图形图像处理							
	公共基础课：思想政治　语文　历史　数学　英语　信息技术　体育与健康　公共艺术							

（二）课程内容和要求

本专业课程主要教学内容和要求应贯彻思想政治教育和“三全育人”改革等要求，把立德树人融入思想道德教育、文化知识教育、技术技能培养、社会实践教育等各个环节。

1. 公共基础课

序号	课程名称	教学内容和要求	参考课时
1	思想政治	包括中国特色社会主义、心理健康与职业生涯、职业道德与法治、哲学与人生四个必修模块。依据《中等职业学校思想政治课程标准》开设，并与学生专业能力发展和职业岗位需求密切结合	144
2	语文	依据《中等职业学校英语课程标准》开设，并与学生专业能力发展和职业岗位需求密切结合，注重在职业模块的教学内容中体现专业特色	198
3	历史	依据《中等职业学校历史课程标准》开设，并与学生专业能力发展和职业岗位需求密切结合	72
4	数学	依据《中等职业学校数学课程标准》开设，并与学生专业能力发展和职业岗位需求密切结合，注重在职业模块的教学内容中体现专业特色	108
5	英语	依据《中等职业学校英语课程标准》开设，并与学生专业能力发展和职业岗位需求密切结合，注重在职业模块的教学内容中体现专业特色	108
6	信息技术	依据《中等职业学校信息技术课程标准》开设，并与学生专业能力发展和职业岗位需求密切结合，注重在拓展模块的教学中与专业教学相结合，为后续其他专业课程的学习奠定基础	144
7	艺术	依据《中等职业学校艺术课程标准》开设，并与学生专业能力发展和职业岗位需求密切结合	36
8	体育与健康	依据《中等职业学校体育与健康课程标准》开设，并与学生专业能力发展和职业岗位需求密切结合，注重在职业模块的教学内容中体现专业特色	144

2. 专业技能课

（1）大数据技术应用

序号	课程名称	主要教学内容和要求	参考学时
1	计算机基础	了解计算机发展历史、计算机系统的组成、软硬件基本概念、计算机的应用领域、数制及其相互转化、操作系统的基本概念；掌握 Windows /DOS 操作系统的功能及使用；掌握常见 BIOS 版本的正确设置；掌握操作系统的安装、备份与还原；了解计算机病毒及防范；掌握 Internet 的基础知识，能够查找和收集互联网资源，会收发电子邮件	72
2	计算机网络基础	了解计算机网络的类型，组成、应用等基础知识，熟悉网络工作原理、网络协议和网络规划相关知识掌握简单局域网搭建及应用，网络设备的基础配置、网络服务器安装与调试等基本技能	72
3	大数据基础及应用	大数据概述及基础、大数据处理和大数据分析与应用。重点介绍数据组织、重要数据结构、大数据协同技术以及大数据存储技术等内容； 介绍大数据处理框架，包括大数据批处理和流处理框架等内容； 介绍数据分析技术和机器学习的相关内容，以及如何利用阿里云的数加平台进行基本的大数据开发工作	90
4	办公软件应用	了解不同平台计算机办公常用软件的应用，掌握在智能手机、平板电脑、个人计算机等不同的设备上进行文字编辑、数据分析、幻灯片制作、数据库应用等办公软件的应用技能，能使用主流办公自动化软件进行办公处理	108
5	MySQL 数据库基础	熟悉数据库的基本概念，MySQL 数据库的安装、配置等基本操作；MySQL 的语言元素，SQL 语言基础及 MySQL 的控制流语句，表、存储过程、触发器、视图、索引等数据库对象的创建与应用，数据检索及其应用；数据库的安全管理；数据库的备份与恢复；MySQL 的日志文件管理，MySQL 的性能优化以及如何利用 PHP 实现数据库应用程序开发	162
6	图形图形处理	了解图形图形处理及相关的美学基础知识，理解平面设计与创意的基本要求，熟悉不同类型图形图像处理业务的规范要求与表现手法，掌握应用平面设计主流软件进行图形图像处理的相关技能，能使用相应软件进行图形绘制、图文编辑、图形处理等业务应用	90
7	程序设计（Java）	掌握 Java 语言基础知识，Java 语法构成，理解面向对象程序设计的思路和方法，掌握网络编程的基本技术，培养学生的编程能力，养成良好编码的习惯，掌握 java 技术的核心概念、多线程技术和网络编程技术；培养学生掌握面向对象的思想和程序设计方法	144
8	操作系统管理（Linux）	掌握 Linux 操作系统的安装，基本配置和图形界面及命令行界面的使用方法，会使用 Linux 操作系统的基本命令	90
9	程序设计（Python）	掌握 Python 语言的基本语法结构，熟悉 Python 特有的字符串、列表和元组、映射和集合类型、模块和包、面向对象编程、Python 数据库编程、GUI 编程和 Django 框架 Web 编程，掌握 Python 程序设计的基本原理、技术和方法	144

（2）电子竞技运动与管理

序号	课程名称	主要教学内容和要求	参考学时
1	常用工具软件	掌握计算机系统管理与维护、虚拟机、特殊文档编辑与格式转换、翻译工具、网络管理与数据传输、即时通信、信息安全、云办公、数码产品及移动设备连接和数据传输、多媒体信息处理等常用工具类软件的应用技能	72

续表

序号	课程名称	主要教学内容和要求	参考学时
2	计算机组装与维护	通过对本课程的学习，学生能组装和升级计算机；能根据别人的要求选择合理的计算机组件并组装。能处理计算机常见故障，对常见的计算机组件如：键盘、驱动器等进行维修，对于不能维修的组件，如各种板卡应能诊断故障	72
3	办公软件应用	培养学生应用 Word、Excel 对常用公文、文稿、表格和数据进行处理以及 PoworPoint 的使用。能根据提供的文稿样板，在规定的时间内，正确地规划、设计、排版并输出；能熟练地应用 PowerPoint 对企业文化及产品资料进行展示	72
4	图形图像处理	了解图形图形处理及相关的美学基础知识，理解平面设计与创意的基本要求，熟悉不同类型图形图像处理业务的规范要求与表现手法，掌握应用平面设计主流软件进行图形图像处理的相关技能，能使用相应软件进行图形绘制、图文编辑、图形处理等业务应用	72
5	电子竞技概论	让学生了解电子竞技发展概况，能对电子竞技行业有一定的了解。了解及电子竞技产业发展现状、产业经济与特性，能对电子竞技行业有一定的认知。会进行电子竞技选材。掌握电子竞技训练原则和方法	144

（3）广播影视节目制作

序号	课程名称	主要教学内容和要求	参考学时
1	数字媒体技术基础	掌握有关数字媒体的各方面的基础知识，包括数字媒体入门知识、数字媒体硬件设备、各种数字媒体素材的采集与处理、影视制作的相关软件、数字媒体产品的集成与发布等，为后续全面学习数字媒体专业的知识和技能打下良好基础。 通过本课程学习，能按需求采集文字、图像、音频、视频、动画等数字媒体素材，能集成、发布数字媒体产品	72
2	办公软件应用	掌握电子文档，电子表格和幻灯片的制作方法。能够了解 Word 的基本操作与使用技巧，掌握文字编辑、格式设置、表格制作、文档美化、打印文档及复杂版面的编排等操作，掌握表格制作，完成复杂的数据运算，建立图表，管理数据等。掌握 PowerPoint 的使用方法和操作技巧，制作包含文字、图片、图表、组织结构图、声音和视频剪辑等对象的演示文稿	72
3	计算机美术基础	掌握平面构成的点、线、面的知识；掌握立体构成的知识；掌握色彩构成的色彩关系以及色相对比类型的知识；掌握广告设计的设计程序、表现法则以及媒体形式；掌握广告设计的应用领域中各个领域的设计元素、流程；能够进行平面广告的设计；能够进行包装设计；能够进行书籍装帧设计；能够进行标识设计	36
4	三维动画制作	熟悉 3ds Max 软件的界面操作，基本工具的运用，标准基本体及扩展基本体的创建方法；熟练掌握 3ds Max 中的各种工具；熟练掌握条线的点、线、样条层级的修改运用，能够运用样条线制作铁艺模型；掌握用二维图形及修改器制作三维模型，利用可编辑多边形制作较复杂的模型，以及给模型布线；三维模型修改器的运用，弯曲、扭曲、锥化的修改器运用后给模型增加造型；复合建模的运用	216
5	计算机网络基础	了解计算机网络的类型，组成、应用等基础知识，熟悉网络工作原理、网络协议和网络规划相关知识掌握简单局域网搭建及应用，网络设备的基础配置、网络服务器安装与调试等基本技能	72
6	计算机基础	了解计算机发展历史、计算机系统的组成、软硬件基本概念、计算机的应用领域、数制及其相互转化、操作系统的基本概念；掌握 Windows /DOS 操作系统的功能及使用；掌握常见 BIOS 版本的正确设置；掌握操作系统的安装、备份与还原；了解计算机病毒及防范；掌握 INTERNET 的基础知识，能够查找和收集互联网资源，会收发电子邮件	72

（4）计算机应用

序号	课程名称	主要教学内容和要求	参考学时
1	常用工具软件	掌握计算机系统管理与维护、虚拟机、特殊文档编辑与格式转换、翻译工具、网络管理与数据传输、即时通信、信息安全、云办公、数码产品及移动设备连接和数据传输、多媒体信息处理等常用工具类软件的应用技能	72
2	办公软件应用	掌握电子文档，电子表格和幻灯片的制作方法。能够了解 Word 的基本操作与使用技巧，掌握文字编辑、格式设置、表格制作、文档美化、打印文档及复杂版面的编排等操作，掌握表格制作，完成复杂的数据运算，建立图表，管理数据等。掌握 PowerPoint 的使用方法和操作技巧，制作包含文字、图片、图表、组织结构图、声音和视频剪辑等对象的演示文稿	72
3	计算机编程基础	了解计算机程序设计的基本概念，理解数据类型、表达式、逻辑关系、流程控制等知识，熟悉计算机编程从需求分析到软件分布的业务流程，掌握可视化程序界面设计、数据库连接、多媒体与网络应用等编程方法，能使用编程工具开发计算机简单功能应用程序	144
4	数据库应用基础	了解数据库的基础知识，掌握主流数据库系统安装、数据库创建、数据连接等相关技能，熟悉 SQL 查询语言的基本语法与应用，能使用数据库管理系统进行简单数据库应用程序设计	144
5	图形图像处理	了解图形图像处理及相关的美学基础知识，理解平面设计与创意的基本要求，熟悉不同类型图形图像处理业务的规范要求与表现手法，掌握应用平面设计主流软件进行图形图像处理的相关技能，能使用相应软件进行图形绘制、图文编辑、图形处理等业务应用	144
6	多媒体制作	了解多媒体制作的基础知识，理解动画形成原理与多媒体制作的基本要求，掌握二维动画元素绘制、动画编辑、多媒体素材处理、打包集成等相关技能，能应用二维动画设计和多媒体制作主流软件进行简单的动画设计和多媒体素材合成	36
7	计算机网络基础	了解计算机网络的类型，组成、应用等基础知识，熟悉网络工作原理、网络协议和网络规划相关知识掌握简单局域网搭建及应用，网络设备的基础配置、网络服务器安装与调试等基本技能	108
8	网页设计与制作	了解网页设计与制作的基础知识和规范要求，熟悉 HTML 和脚本语言相关知识，掌握站点创建、网页元素编辑、表格应用、层和框架布局、网页行为添加、样式与模板应用、表单元素使用等相关技能，能应用主流网页设计软件进行不同风格的简单网页设计以及简单网页代码和脚本编写	216
9	计算机组装与维护	了解计算机的组成和工作原理，熟悉装配计算机，安装计算机系统软件、常用软件及简单网络应用工作流程，掌握个人计算机的硬件拆装、软件安装、外设连接与配置，能诊断与排除计算机硬件简单故障	108

（5）数字媒体技术应用

序号	课程名称	主要教学内容和要求	参考学时
1	数字媒体技术基础	掌握数字媒体入门知识、数字媒体硬件设备、各种数字媒体素材的采集与处理、数字媒体产品的集成与发布等；能按需求采集文字、图像、音频、视频、动画等数字媒体素材，能集成、发布数字媒体产品	108
2	三维动画制作	熟悉 3ds Max 软件的界面操作，基本工具的运用，标准基本体及扩展基本体的创建方法；熟练掌握 3ds Max 中的各种工具；熟练掌握条线的点、线、样条层级的修改运用，能够运用样条线制作铁艺模型；掌握用二维图形及修改器制作三维模型，利用可编辑多边形制作较复杂的模型，以及给模型布线；三维模型修改器的运用，弯曲、扭曲、锥化的修改器运用后给模型增加造型；复合建模的运用	208

续表

序号	课程名称	主要教学内容和要求	参考学时
3	计算机基础	了解计算机发展历史、计算机系统的组成、软硬件基本概念、计算机的应用领域、数制及其相互转化、操作系统的基本概念；掌握 Windows /DOS 操作系统的功能及使用；掌握常见 BIOS 版本的正确设置；掌握操作系统的安装、备份与还原；了解计算机病毒及防范；掌握 INTERNET 的基础知识，能够查找和收集互联网资源，会收发电子邮件。	120
4	计算机网络基础	了解计算机网络的类型，组成、应用等基础知识，熟悉网络工作原理、网络协议和网络规划相关知识掌握简单局域网搭建及应用，网络设备的基础配置、网络服务器安装与调试等基本技能	108
5	图形图像处理	了解图形图形处理及相关的美学基础知识，理解平面设计与创意的基本要求，熟悉不同类型图形图像处理业务的规范要求与表现手法，掌握应用平面设计主流软件进行图形图像处理的相关技能，能使用相应软件进行图形绘制、图文编辑、图形处理等业务应用	180
6	办公软件应用	掌握电子文档，电子表格和幻灯片的制作方法。能够了解 Word 的基本操作与使用技巧，掌握文字编辑、格式设置、表格制作、文档美化、打印文档及复杂版面的编排等操作，掌握表格制作，完成复杂的数据运算，建立图表，管理数据等。掌握 PowerPoint 的使用方法和操作技巧，制作包含文字、图片、图表、组织结构图、声音和视频剪辑等对象的演示文稿	108
7	3D 草图（SketchUP）	掌握软件的基本操作，文件的导入与导出，模型的创建，室内户型图的设计，新中式风格室内设计，景观设计及别墅屋顶花园制作。	108
8	色彩	了解常见的构图方法，认识色彩，影像平横与权重的掌握，水平线与对称，稳定与张力	90

（6）网络信息安全

序号	课程名称	主要教学内容和要求	参考学时
1	计算机基础	了解计算机发展历史、计算机系统的组成、软硬件基本概念、计算机的应用领域、数制及其相互转化、操作系统的基本概念；掌握 Windows /DOS 操作系统的功能及使用；掌握常见 BIOS 版本的正确设置；掌握操作系统的安装、备份与还原；了解计算机病毒及防范；掌握 INTERNET 的基础知识，能够查找和收集互联网资源，会收发电子邮件	36
2	网络配置与管理	能够初步了解网络环境中基本概念、名词以及相关术语；掌握网络操作系统的基本原理、主要功能；掌握网络操作系统的相关服务的特点和原理；重点掌握网络操作系统中各种服务的设计思想、配置过程、使用方法和故障的诊断与维护的方法；能够独立的完成网络的基本构建方法，相关服务的配置与管理以及网络的维护工作	72
3	网络信息安全概论	了解信息安全的基本概念、原理和知识体系；了解信息保密技术、信息认证技术、密钥管理技术、访问控制技术、数据库安全、网络安全技术、信息安全标准和信息安全管理等内容	36
4	网络攻防技术	了解网攻防技术的基本规则规范；掌握常用网络攻防技术平台和测试工具；掌握渗透测试流程和后渗透测试阶段的处理和报告撰写	216
5	计算机网络基础	了解计算机网络的类型，组成、应用等基础知识，熟悉网络工作原理、网络协议和网络规划相关知识掌握简单局域网搭建及应用，网络设备的基础配置、网络服务器安装与调试等基本技能	72
6	程序设计（python）	掌握 Python 开发环境安装与配置、Python 基础语法；掌握基础数据类型、函数、面向对象设计、文件操作、第三方库的安装与使用；了解 GUI 编程、网络爬虫、数据分析、数据可视化等知识	216
7	计算机组装与维护	了解计算机的组成和工作原理，熟悉装配计算机，安装计算机系统软件、常用软件及简单网络应用工作流程，掌握个人计算机的硬件拆装、软件安装、外设连接与配置，能诊断与排除计算机硬件简单故障	36

（7）虚拟现实技术

序号	课程名称	主要教学内容和要求	参考学时
1	数字媒体技术基础	（1）掌握有关数字媒体的各方面的基础知识，包括数字媒体入门知识、数字媒体硬件设备、各种数字媒体素材的采集与处理、数字媒体产品的集成与发布等。为以后全面学习数字媒体专业的知识和技能打下良好基础； （2）能按需求采集文字、图像、音频、视频、动画等数字媒体素材，能集成、发布数字媒体产品。 主要教学内容： 数字媒体技术的应用领域，数字媒体硬件设备，获取文字、图像、视频和音频素材的方法，制作动画和拟真素材，集成和发布数字媒体产品	72
2	素描	学习素描基础理论和技法，进行人物和场景速写、默写以及与动画造型设计相关的各种技法训练。培养学生正确的观察方法和对形态的感受力，使学生能理解和表现对象的结构、色调和气氛，为学生打下坚实的造型基础学习速写的基础知识和基本技艺	216
3	色彩	学习色彩的基本知识，进行色彩写生的基本方法、技能和与动画造型设计相关的色彩绘画能力的训练，培养学生的色彩感觉与运用色彩塑造物象的能力，使学生具备运用色彩构造形象和表现情绪的能力，掌握着色技法	216
4	图形图像处理	了解图形图形处理及相关的美学基础知识，理解平面设计与创意的基本要求，熟悉不同类型图形图像处理业务的规范要求与表现手法，掌握应用平面设计主流软件进行图形图像处理的相关技能，能使用相应软件进行图形绘制、图文编辑、图形处理等业务应用	144
5	办公软件应用	培养学生应用 Word、Excel 对常用公文、文稿、表格和数据进行处理以及 PowerPoint 的使用。能根据提供的文稿样板，在规定的时间内，正确地规划、设计、排版并输出；能熟练地应用 PowerPoint 对企业文化及产品资料进行展示	72

（8）移动互联技术

序号	课程名称	主要教学内容和要求	参考学时
1	常用工具软件	掌握计算机系统管理与维护、虚拟机、特殊文档编辑与格式转换、翻译工具、网络管理与数据传输、即时通信、信息安全、云办公、数码产品及移动设备连接和数据传输、多媒体信息处理等常用工具类软件的应用技能	36
2	办公软件应用	培养学生应用 Word、Excel 对常用公文、文稿、表格和数据进行处理以及 PowerPoint 的使用。能根据提供的文稿样板，在规定的时间内，正确地规划、设计、排版并输出；能熟练应用 PowerPoint 展示企业文化及产品资料。	72
3	计算机编程基础	了解计算机程序设计的基本概念，理解数据类型、表达式、逻辑关系、流程控制等知识，熟悉计算机编程从需求分析到软件分布的业务流程，掌握可视化程序界面设计、数据库连接、多媒体与网络应用等编程方法，能使用编程工具开发计算机简单功能应用程序	144
4	数据库应用基础	了解数据库的基础知识，掌握主流数据库系统安装、数据库创建、数据连接等相关技能，熟悉 SQL 查询语言的基本语法与应用，能使用数据库工具进行简单数据库应用程序设计	72
5	图形图形处理	了解图形图形处理及相关的美学基础知识，理解平面设计与创意的基本要求，熟悉不同类型图形图像处理业务的规范要求与表现手法，掌握应用平面设计主流软件进行图形图像处理的相关技能，能使用相应软件进行图形绘制、图文编辑、图形处理等业务应用	72
6	多媒体制作	了解多媒体制作的基础知识，理解动画形成原理与多媒体制作的基本要求，掌握二维动画元素绘制、动画编辑、多媒体素材处理、打包集成等相关技能，能应用二维动画设计和多媒体制作主流软件进行简单的动画设计和多媒体素材合成	90
7	计算机网络基础	了解计算机网络的类型，组成、应用等基础知识，熟悉网络工作原理、网络协议和网络规划相关知识掌握简单局域网搭建及应用，网络设备的基础配置、网络服务器安装与调试等基本技能	72
8	计算组装与维护	了解计算机的组成和工作原理，熟悉装配计算机，安装计算机系统软件、常用软件及简单网络应用工作流程，掌握个人计算机的硬件拆装、软件安装、外设连接与配置，能诊断与排除计算机硬件简单故障	108

七、教学进程总体安排

教学进程是对专业群技术技能人才培养、教育教学实施进程的总体安排，是专业群人才培养方案实施的具体体现。

（一）大数据技术应用专业

课程类别		课程名称	学分	学时	学期					
					1	2	3	4	5	6
公共基础课	公共必修课	职业生涯规划	2	36	2					
		职业道德与法律	2	36		2				
		毛泽东思想	2	36			2			
		哲学与人生	2	36				2		
		语文	10	180	4	4	4	4	4	
		数学	10	180	4	4	4	4	4	
		英语	6	108	4	4	4	4	4	
		体育与健康	10	180	2	2	2	2	2	
		公共艺术	2	36					2	
		历史	2	36		2				
		小计	48	864	16	18	16	16	16	
	公共选修课	中华优秀传统文化	公共选修课利用课外活动时间开设							
		职业素养								
		物理								
		地理								
		化学								
专业技能课	专业核心课	计算机基础	4	72	4					
		办公软件应用	4	72	4					
		图形图像处理	5	90	5					
		计算机网络基础	6	108		6				
		MySQL 数据库基础	9	162		5	4			
		大数据基础及应用	5	90			5			
		操作系统管理（Linux）	8	144			4	4		
		程序设计（JAVA）	5	90				5		
		程序设计（Python）	8	144				4	4	
		小计	54	972	13	11	13	13	4	0
	专业方向课	JavaScript+jQuery	4	72					4	
		HTML5+CSS	4	72					4	
		大数据可视化	4	72					4	
		小计	12	216					12	
	专业拓展课	大数据处理技术应用	6	108			6			
		数据结构与算法	6	108				6		
		Python 数据分析	6	108					6	
		小计	18	324	0	0	6	6	6	0
	综合实训		36	648			12	12	12	
	顶岗实习		30	540						30
合计			198	3564						

（二）电子竞技运动与管理专业

课程类别			课程名称	学分	学时	学期					
						1	2	3	4	5	6
公共基础课	公共必修课		职业生涯规划	2	36	2					
			职业道德与法律	2	36		2				
			毛泽东思想	2	36			2			
			哲学与人生	2	36				2		
			语文	10	180	4	2	2	2		
			数学	10	180	4	2	2	2		
			英语	6	108	4	2				
			信息技术	6	108	6					
			体育与健康	10	180	2	2	2	2	2	
			公共艺术	2	36					2	
			历史	2	36		2				
			小计	54	972	22	12	8	8	4	0
	公共选修课		中华优秀传统文化	公共选修课利用课外活动时间开设							
			职业素养								
			物理								
			地理								
			化学								
专业技能课	专业核心课		常用工具软件	4	72	4					
			计算机组装与维护	4	72		4				
			办公软件应用	4	72		4				
			图形图像处理	4	72			4			
			电子竞技概论	8	144	4	4				
			小计	22	396	8	12	4	0	0	0
	专业方向课	电子竞技运动员培养	MOBA 类游戏训练	46	828			7	10	8	
			FPS 类游戏训练	46	828			7	10	8	
			小计	92	1656	0	0	14	20	16	0
		赛事活动及场馆运营	电子竞技赛事运营与管理	46	828			6	10	8	
			电竞赛事策划与执行	46	828			8	10	8	
			小计	92	1656	0	0	14	20	16	0
		主播运营	电子竞技节目制作	30	552			6	8	4	
			电子竞技网络直播	30	552			4	6	6	
			电子竞技解说	30	552			4	6	6	
			小计	90	1656	0	0	14	20	16	0
	专业选修课		影视编辑	12	180		6	4	2		
			小计	12	180	0	6	4	2	0	0
	综合实训			10	180					10	
	顶岗实习			30	540						30
合计				362	3240	30	30	30	30	30	30

（三）广播影视节目制作专业

课程类别			课程名称	学分	学时	学期 1	2	3	4	5	6
公共基础课	公共必修课		职业生涯规划	2	36	2					
			职业道德与法律	2	36		2				
			毛泽东思想	2	36			2			
			哲学与人生	2	36				2		
			语文	10	180	4	2	2	2		
			数学	10	180	4	2	2	2		
			英语	6	108	4	2				
			现代礼仪	2	36					2	
			体育与健康	10	180	2	2	2	2	2	
			历史	2	36		2				
			小计	48	864	16	12	8	8	4	0
	公共选修课		中华优秀传统文化	公共选修课利用课外活动时间开设							
			职业素养								
			物理								
			地理								
			化学								
专业技能课	专业核心课		办公软件应用	4	72	4					
			计算机美术基础	2	36	2					
			数字媒体技术	4	72		4				
			三维动画制作	12	216	4	4	4			
			计算机基础	4	72	4					
			计算机网络基础	4	72		4				
			沟通技巧	2	36					2	
			小计	32	576	14	12	4	0	2	0
	专业方向课	前期摄像	摄影摄像	44	792		6	14	12	12	
			影视鉴赏	8	144			4	4		
			小计	52	936	0	6	18	16	12	
		后期剪辑	影视后期剪辑	36	648		6	10	8	12	
			非线性编辑软件	8	144			4	4		
			图形图像处理	8	144			4	4		
			小计	52	936	0	6	18	16	12	
		后期包装	影视包装	52	936		6	18	16	12	
			小计	52	936	0	6	18	16	12	
	专业选修课		影片调色	4	72				4		
			影视理论	4	72				2		
			小计	8	144	0	0	0	6	0	
	综合实训			12	216					12	
	顶岗实习			30	540						30
合计				180	3240	30	30	30	30	30	30

（四）计算机应用专业

课程类别			课程名称	学分	学时	学期					
						1	2	3	4	5	6
公共基础课	公共必修课		职业生涯规划	2	36	2					
			职业道德与法律	2	36		2				
			毛泽东思想	2	36			2			
			哲学与人生	2	36				2		
			语文	10	180	4	2	2	2		
			数学	10	180	4	2	2	2		
			英语	6	108	4	2				
			信息技术	6	108	6					
			体育与健康	10	180	2	2	2	2	2	
			公共艺术	2	36					2	
			历史	2	36		2				
			小计	54	972	22	12	8	8	4	0
	公共选修课		中华优秀传统文化	公共选修课利用课外活动时间开设							
			职业素养								
			物理								
			地理								
			化学								
专业技能课	专业核心课		常用工具软件	4	72	4					
			办公软件应用	4	72	4					
			计算机编程基础	8	144			4	4		
			数据库应用基础	8	144		4	4			
			图形图像处理	8	144		4	4			
			多媒体制作	2	36			2			
			计算机网络基础	6	108		6				
			网页设计与制作	12	216			4	4	4	
			计算机组装与维护	6	108				6		
			小计	58	1044	8	14	18	14	4	0
	专业方向课	办公自动化	办公软件高级应用	12	216		4	4	4		
			办公设备使用与维护	4	72					4	
			文书与档案管理	4	72				4		
			小计	20	360	0	4	4	8	4	
		计算机设备护与营销	数码产品使用与维护	4	72		4				
			市场营销	8	144			4	4		
			现代信息技术实务	8	144				4	4	
			小计	20	360	0	4	4	8	4	
		计算机信息管理	数据库高级应用	4	72				4		
			信息化管理与运作	8	144		4	4			

续表

课程类别		课程名称		学分	学时	学期					
						1	2	3	4	5	6
			信息安全	8	144				4	4	
			小计	20	360	0	4	4	8	4	0
	专业选修课	数字影音编辑与合成		5	90					6	
		web 开发技术		5	90					4	
		小计		10	180	0	0	0	0	10	0
	综合实训			8	144					8	
	顶岗实习			30	540						30
合计				180	3240	30	30	30	30	30	30

（五）数字媒体技术应用专业

课程类别		课程名称	学分	学时	学期					
					1	2	3	4	5	6
公共基础课	公共必修课	职业生涯规划	2	36	2					
		职业道德与法律	2	36		2				
		毛泽东思想	2	36			2			
		哲学与人生	2	36				2		
		语文	10	180	4	2	2	2		
		数学	10	180	4	2	2	2		
		英语	6	108	4	2				
		体育与健康	10	180	2	2	2	2	2	
		公共艺术	2	36					2	
		历史	2	36		2				
		小计	48	864	16	12	8	8	4	
	公共选修课	中华优秀传统文化	公共选修课利用课外活动时间开设							
		职业素养								
		物理								
		地理								
		化学								
专业技能课	专业核心课	数字媒体技术基础	6	108	6					
		三维动画制作	18	280	4	4	4	4		
		计算机基础	7	120	4	4				
		计算机网络基础	6	108			6			
		图形图像处理	10	180	2	4	4			
		办公软件应用	6	108	4	2				
		3D 草图（SketchUP）	6	108			2	4		
		色彩与构图	6	90	2	2				
		小计	65	1102						
	专业方向课	建筑 CAD 识图与处理	7	120			4	4		
		三维建筑表现	10	164			6	6		
		小计	17	284						

续表

课程类别		课程名称	学分	学时	学期					
					1	2	3	4	5	6
	专业选修课	建筑学基础	7	120			4	4		
		风景建筑学	7	120			4	4		
		市政建筑学	7	120			4	4		
		小计	21	360						
	综合实训		6	102						
	顶岗实习		30	540						30
合计			187	3252						

（六）网络信息安全专业

课程类别			课程名称	学分	学时	学期					
						1	2	3	4	5	6
公共基础课	公共必修课		职业生涯规划	2	36	2					
			职业道德与法律	2	36		2				
			毛泽东思想	2	36			2			
			哲学与人生	2	36				2		
			语文	10	180	4	2	2	2		
			数学	10	180	4	2	2	2		
			英语	6	108	4	2				
			体育与健康	10	180	2	2	2	2	2	
			公共艺术	2	36					2	
			历史	2	36		2				
			小计	48	864	16	12	8	8	4	0
	公共选修课		中华优秀传统文化	公共选修课利用课外活动时间开设							
			职业素养								
			物理								
			地理								
			化学								
专业技能课	专业核心课		计算机基础	4	72	4					
			网络信息安全概论	4	72			2	2		
			网络攻防技术	12	216		4	4	4	6	
			程序设计（python）	12	216		4	4	4	6	
			计算机网络基础	4	72	4					
			操作系统管理（Windwows）	4	72	4					
			计算机组装与维护	2	36		2				
			小计	64	1161	12	10	10	10	12	0
	专业方向课	系统、网络安全维护	Windows 系统安全防护技术	8	144		4	4	4	4	
			Linux 系统安全防护技术	8	144		4	4	4	4	

续表

课程类别		课程名称		学分	学时	学期					
						1	2	3	4	5	6
专业技能课	专业方向课	系统、网络安全维护	网络配置与管理	2	36			2			
			小计	18	324	0	8	10	8	8	0
		应用安全维护	计算机病毒防护	8	144		4	4	4	4	
			逆向分析	8	144		4	4	4	4	
			小计	16	288	0	8	8	8	8	0
		数据安全维护	数据备份与恢复	8	144		4	4	4	4	
			数据加密	8	144		4	4	4	4	
			小计	16	288	0	8	8	8	8	0
	专业选修课	数字媒体技术		8	144			2	2	6	
		web 开发技术		8	144			2	2	6	
		网络营销		2	36	2					
		小计		18	320	2	0	2	4	6	
	综合实训			30							
	顶岗实习			30	540	0	0				30
合计				240	3240	30	30	30	30	30	30

（七）虚拟现实技术专业

课程类别		课程名称	学分	学时	学期					
					1	2	3	4	5	6
公共基础课	公共必修课	职业生涯规划	2	36	2					
		职业道德与法律	2	36		2				
		毛泽东思想	2	36			2			
		哲学与人生	2	36				2		
		语文	10	180	4	2	2	2		
		数学	10	180	4	2	2	2		
		信息技术	6	108	6					
		英语	6	108	4	2				
		体育与健康	10	180	2	2	2	2	2	
		公共艺术	2	36					2	
		历史	2	36		2				
		小计	54	972	22	12	8	8	4	0
	公共选修课	中华优秀传统文化	公共选修课利用课外活动时间开设							
		职业素养								
		物理								
		地理								
		化学								
专业技能课	专业核心课	数字媒体技术基础	4	72		2	2			
		素描	12	216	4	8				
		色彩	12	216	4	8				

续表

课程类别			课程名称	学分	学时	学期 1	2	3	4	5	6
专业技能课	专业核心课		图形图像处理	8	144			4	4		
			办公软件应用	4	72			4			
			小计	40	720	8	18	10	4	0	0
		模型及动画制作	三维动画制作	48	864			12	18	14	
			小计	48	864	0	0	12	18	14	0
		项目交互功能	引擎技术基础（Unity）	16	288			4	6	6	
			VR 编辑器应用开发	16	288			4	6	4	
			程序设计基础（C#）	16	288			4	6	4	
			小计	48	864	0	0	12	18	14	0
	专业选修课		全景拍摄与后期制作	4	72					4	
			小计	4	72	0	0	0	0	4	0
	综合实训			8	144					8	
	顶岗实习			30	540						30
合计				180	3240	30	30	30	30	30	30

移动互联技术专业

课程类别		课程名称	学分	学时	学期 1	2	3	4	5	6
公共基础课	公共必修课	职业生涯规划	2	36	2					
		职业道德与法律	2	36		2				
		毛泽东思想	2	36			2			
		哲学与人生	2	36				2		
		语文	10	180	4	2	2	2		
		数学	10	180	4	2	2	2		
		英语	6	108	4	2				
		信息技术	6	108	6					
		体育与健康	10	180	2	2	2	2	2	
		公共艺术	2	36					2	
		历史	2	36		2				
		小计	54	972	22	12	8	8	4	0
	公共选修课	中华优秀传统文化	公共选修课利用课外活动时间开设							
		职业素养								
		物理								
		地理								
		化学								

续表

课程类别			课程名称	学分	学时	学期					
						1	2	3	4	5	6
专业技能课	专业核心课		常用工具软件	4	72	4					
			Html5+css	8	144			4	4		
			数据库应用基础	8	144		4	4			
			图形图像处理	8	144		4	4			
			计算机美术基础	4	72	4					
			办公软件应用	8	144		6	2			
			计算机网络基础	12	216			4	4	4	
			二维动画制作	6	108				6		
			网页设计与制作	4	72					4	
			小计	62	1116	8	14	18	14	8	0
	专业方向课	UI 设计	UI 界面设计	12	216		4	4	4		
			JavaScript+jQuery	8	144				4	4	
			小计	20	360	0	4	4	8	4	
		网页开发	程序设计（java）	4	72		4				
			MySQL 数据库基础	8	144			4	4		
			网络配置与管理	8	144				4	4	
			小计	20	360	0	4	4	8	4	
	专业选修课		现代礼仪	5	90					2	
			软件测试	5	90					4	
			小计	10	180	0	0	0	0	6	0
	综合实训			8	144					8	
	顶岗实习			30	540						30
合计				180	3240	30	30	30	30	30	30

八、实施保障

主要包括师资队伍、教学设施、教学资源、教学方法、学习评价、质量管理等方面。

（一）师资队伍

1. 队伍结构

专任教师队伍要考虑数量、学历、职称和年龄，形成合理的梯队结构。本专业学生数与专任教师数比例不高于 20∶1，专任教师中具有高级专业技术职务人数不低于 20%。双师型教师占专业教师比应不低于 30%。兼职教师应占专任教师总数的 20%左右。

2. 专业教师

专业教师应具有本专业或相关专业本科及以上学历，具有中等职业学校教师资格证书，获得本专业相关中级及以上职业资格。新招聘专业教师要求具有 3 年以上企业工作经历。专业教师应有坚定的理想信念、良好的师德和终身学习能力，有实际工作经验，熟悉办公服务、计算机和办公设备维修、信息技术服务等岗位工作流程，具备教学设计和实施课程教学能力。具有开展教育教学活动的专业知识和实践能力，具有信息化教学能力，能够开展专业课程教学改革和科学研究，以及有每 5 年累计不少于 6 个月的企业实践经历。

专业带头人原则上应具有副高及以上职称和较高的职业资格，能广泛联系行业企业，了解国内外相关行业发展新趋势，准确把握行业企业用人需求，具有组织开展学校专业建设、教科研工作和企业服务的能力，在本专业改革发展中起引领作用。

3. 兼职教师

兼职教师主要从相关企业的高技术技能人才中聘任，应具备良好的思想政治素质、职业道德和工匠精神，具有扎实的计算机应用专业知识和丰富的实际工作经验，具有中级及以上相关专业职称，能承担专业课程教学、实习实训指导和学生职业发展规划指导等专业教学任务。

（二）教学设施

本专业应配备校内实训室和校外实习基地。

1. 校内实训室

校内实训实习必须具备基础技能和专业方向技能等满足专业人才培养相关要求的实训室，主要设施设备及数量见下表。

序号	实训室名称	设备名称	设备主要功能（技术参数与要求）	数量（台/套）
1	计算机基础技能实训室	学生用计算机	CPU:≥主流多核	40
			内存：≥8GB	
			硬盘：≥1TB	
			集成显卡	
			显示器：分辨率≥1024×768	
			网卡：≥1 个	
			支持网络同传和硬盘保护	
			可选多媒体教学支持系统	
			耳机、麦克风	
		教师计算机	同上	1
		软件	桌面操作系统	适量
			Office 办公软件	
			常用工具软件	
			计算机编程软件	
			数据库管理软件	
			图形图像处理软件	
			多媒体制作软件	
			网页设计与制作软件	
			中英文打字测试软件	
			现代信息技术应用软件	
			专业排版软件	
			网页动画制作软件	
			影音编辑合成软件	
			虚拟机及相关系统镜像文件	

续表

序号	实训室名称	设备名称	设备主要功能（技术参数与要求）	数量（台/套）
2	计算机组装与维护实训室	教师用计算机	CPU:≥主流多核	1
			内存：≥4GB	
			硬盘：≥500GB	
			集成显卡	
			显示器：分辨率≥1024×768	
			网卡：≥1 个	
		计算机套件	CPU，内存，主板，显卡，声卡，网卡，硬盘，软驱，光驱，显示器，机箱，键盘，鼠标	41
			计算机架构与市场主流机型适应	
		网络配件	交换机 24 口	1
			家用型无线路由器（WAN×1，LAN×4，AP）	11
			RJ-45 网线	60
		计算机外投	扫描仪	4
			打印机或复印机	4
		工具	带磁性的十字螺丝刀，一字螺丝刀	41
			尖嘴钳，偏嘴钳	
		软件	桌面操作系统	适量
			Office 办公软件	
			常用应用软件	
			常用工具软件	
			防病毒和桌面防火墙软件	
			虚拟机及相关系统镜像文件	
		视频展示台	变焦≥100 倍	1
			亮度分解力≥400TV 线	
		检测维修实训台	一体机预装 windows 主流操作系统及检测软件	8
3	多媒体实训室	学生用计算机	CPU:≥主流多核	10
			内存：≥8GB	
			硬盘：≥1TB	
			集成显卡	
			显示器：分辨率≥1024×768	
			网卡：≥1 个	
			耳机、麦克风	
		教师用计算机	同上	1
		数码产品	平板电脑	41
			其他主流数码产品	41
		网络配件	交换机 24 口	1
			家用型无线路由器（WAN×1，LAN×4，AP）	11
			RJ-45 网线及 USB 连接线组	41
		工具	小型工具螺丝刀组	41
		软件	桌面操作系统	适量
			数码产品连接及刷机软件	
			常用工具软件	

续表

序号	实训室名称	设备名称	设备主要功能（技术参数与要求）	数量（台/套）
3	多媒体实训室	视频展示台	变焦≥100倍	1
			亮度分解力≥400TV线	

说明：主要设施设备的数量按照标准班40人/班配置

2. 校外实训基地

根据计算机应用专业人才培养需要和产业技术发展特点，建立两类校外实训基地：一类是以专业认识和参观为主的实训基地，该基地能反映目前计算机应用专业新技术，并能同时接纳较多学生学习，为新生入学教育和专业认知课程教学提供条件；另一类是以接收学生社会实践、跟岗实习和顶岗实习为主的实训基地，该基地能为学生提供真实的专业综合实践训练的工作岗位，根据专业人才培养目标和实践教学要求，校企双方共同制订实习计划，企业安排有经验的技术或管理人员担任实习指导教师，开展专业教学和职业技能训练，完成实习质量评价，做好学生实习服务和管理工作，依法依规保障学生的基本劳动权益，并组织开展相应的职业资格或职业技能等级考试。

（三）教学资源

主要包括能够满足学生专业学习、教师专业教学研究和教学实施需要的教材、图书及数字化资源等。

1. 教材选用要求

按照国家规定选用优质教材，禁止不合格的教材进入课堂。学校应建立由专业教师、行业专家和教研人员等参与的教材选用机构，完善教材选用制度，按照规范程序，严格选用国家和地方规划教材。同时，学校可适当开发针对性强的校本教学资源。

2. 图书资料配备要求

本专业相关图书文献配备，应能满足人才培养、专业建设、教科研等工作的需要，方便师生查询、借阅，且定期更新。主要包括：行业政策法规、行业标准、职业标准、工程师手册等技术类和案例类图书，以及职业技术教育、计算机科学、计算机仿真等专业学术期刊。

3. 数字资源配备要求

结合专业需要，开发和配备一批优质的音视频素材、教学课件、数字化教学案例库、虚拟仿真软件、网络课程等专业教学资源库，有效开展多种形式的信息化教学活动，激发学生学习兴趣，提高学习效果。

（四）教学方法

1. 公共基础课程

公共基础课教学要符合教育部有关教育教学基本要求，按照培养学生基本科学文化素养、服务学生专业学习和终身发展的功能来定位，通过教学方法、教学组织形式的改革，教学手段、教学模式的创新，调动学生学习积极性，为学生综合素质的提高、职业能力的形成和可持续发展奠定基础。

2. 专业课程

专业课坚持校企合作、工学结合的人才培养模式，利用校内外实训基地，按照计算机应用专业职业岗位（群）的能力要求，强化理论实践一体化，突出“做中学、做中教”

的职业教育教学特色，提倡项目教学、案例教学、任务教学、角色扮演、情境教学等方法，运用启发式、探究式、讨论式、参与式教学形式，将学生的自主学习、合作学习和教师引导教学有机结合，优化教学过程，提升学习效率。

（五）学习评价

根据本专业培养目标和以人为本的发展理念，建立科学的评价标准。学习评价体现评价主体、评价方式、评价过程的多元化，注意吸收家长、行业和企业参与。注重校内评价与校外评价相结合，职业技能鉴定与学业考核相结合，教师评价、学生互评与自我评价相结合，过程性评价与结果性评价结合。

学习评价采用学习过程评价、作业完成情况评价、实际操作评价、期末综合考核评价等多种方式。根据不同课程性质和教学要求，可以通过笔试、口试、实操、项目作业等方法，考核学生的专业知识、专业技能和工作规范等方面的学习水平。

学习评价不仅关注学生对知识的理解和技能的掌握，更要关注在实践中运用知识与解决实际问题的能力水平，重视节能环保、绿色发展、规范操作、安全生产等职业素质的形成。

（六）质量管理

完善教学管理机制，加强日常教学组织运行与管理，建立健全巡课、听课、评教、评学等制度，建立与企业联动的实践教学环节督导制度，严明教学纪律，强化教学组织功能。定期开展公开课、示范课等教研活动。

完善专业教学工作诊断与改进制度，健全专业教学质量监控和评价机制，及时开展专业调研、人才培养方案更新和教学资源建设工作，加强课堂教学、实习实训、毕业设计等方面质量标准建设，提升教学质量。

完善学业水平测试、综合素质评价和毕业生质量跟踪反馈机制及社会评价机制，对生源情况、在校生学业水平、毕业生就业情况等进行分析，定期评价人才培养质量和培养目标达成情况。

九、毕业要求

（一）学业考核要求

根据本专业培养目标和培养规格，结合学校办学实际，明确对学生学业成绩、实践经历、综合素质等方面的考核要求、考核方式和考核标准，以及学生毕业时应完成的规定学时学分，有效促进毕业要求的达成度。

（二）证书考取要求

根据职业岗位需求，对接可考取的国家职业资格证书和职业技能等级证书，明确证书有关内容有机融入专业课程教学的途径、方法和要求。

十、其他说明

本实施方案依据《国务院关于印发国家职业教育改革实施方案的通知》（国发〔2019〕4 号），《教育部关于职业院校专业人才培养方案制订与实施工作的指导意见》（教职成〔2019〕13 号），《关于组织做好职业院校专业人才培养方案制订与实施工作的通知》（教职成司函〔2019〕61 号），《教育部关于深化职业教育教学改革，全面提高人才培养质量的若干意见》（教职成〔2015〕6 号）等文件制订。

7 《AutoCAD 制图》课程标准

7.1 课程性质

7.1.1 课程定位

《AutoCAD》是数字媒体专业必修课程之一，本课程依据学生情况着重讲解AutoCAD 的绘图、修改命令，标注和打印等方面的操作在建筑制图中的应用。教学重点是建筑图的学习和练习，让学生能在最短的时间内掌握 AutoCAD 的基本命令，并能较好的应用在今后的学习和工作中。

前导课程：《计算机应用基础》，应与《3DSMAX》课程同时开设。

7.1.2 设计思路

（1）设计依据

本课程的设计思路是以中等职业学校学生的学习特点为依据以确定课程目标，设计课程内容；依据各学习项目的内容总量以及在该门课程的地位分配各学习项目的学时数。按中职学生的认知特点设计学习过程，通过学习任务构建掌握相关的知识和技能，培养学生胜任困难的职业能力。

（2）课程目的

本课程的目的是掌握 AutoCAD 绘制二维平面图形的基础知识，解决手绘图纸的问题。立足这一目的，本课程结合典型工作任务，依据对应职业能力要求制定了 3 类课程目标。这 3 类目标分别涉及的是绘图技能、绘图工作规范及职业道德。教材编写、教师授课、教学评价都应在依据这一目标定位进行。

（3）课程内容

本课程是一门建筑室内设计为核心内容的课程，其教学采用学生多练习、师生相互交流的主要教学方法，实行学生为主教师为辅的能力本位教学。教学可在轻松的学习情境中进行。在学习情境中，建议将学习项目进行任务分解。可设计的项目包括卫生间的绘制、客厅的绘制、卧室的绘制、建筑平面图绘制、室内设计图的绘制、建筑施工图的绘制。

（3）活动设计

每一个项目的学习都以图例为载体，以培养学生职业能力为中心，整合所需相关知识和技能，实现实践性、可读性、趣味性的结合，给学生提供更多的动手机会，提高CAD 制图的操作技能。

本课程总课时为 72 学时。

7.2 课程目标

7.2.1 知识目标

（1）了解计算机辅助绘图对操作系统和硬件的要求

（2）理解计算机辅助绘图的概念

（3）掌握 AutoCAD 工作界面、工具栏、对话框、下拉菜单、命令行的操作

（4）熟练掌握 AutoCAD 的基本绘图和修改命令

（5）知道图层的创建，文字的书写，标注的设置

7.2.2 技能目标

（1）能进行二维图形的绘制和编辑

（2）能描述 AutoCAD 的基本功能

（3）会使用 AutoCAD 及以上版本的软件

（4）会操作 AutoCAD 的绘图环境

（5）具备独立绘制和编辑二维图形的能力

7.2.3 情感目标

（1）具有良好的职业道德、团队精神和组织协调能力；

（2）会自学和创新的能力

（3）培养学生勤奋向上、严谨细致的良好学习习惯和工作态度

7.3 课程内容

序号	工作任务	课程内容与教学要求			活动设计	课时
		知识	技能	态度		
1	浴缸的绘制	（1）图形界限的设置 （2）坐标的使用 （3）直线的绘制 （4）偏移和圆角命令的操作	（1）能进行图形界限设置操作； （2）能熟练绘制直线； （3）能熟练进行偏移和圆角等修改操作	（1）培养做事细心、严谨的好习惯 （2）培养团队协作能力	（1）课件展示浴缸实物图 （2）认识浴缸平面图 （3）讲练结合	4
2	台面盆的绘制	（1）对象捕捉的设置 （2）圆和椭圆的绘制 （3）修剪命令的操作	（1）能熟练绘制直线、圆、椭圆； （2）能熟练使用对象捕捉功能 （3）能熟练进行偏移、修剪和圆角等修改操作	（1）培养做事细心、严谨的好习惯 （2）培养团队协作能力	（1）课件展示台面盆实物图 （2）认识台面盆平面图 （3）讲练结合	4

续表

序号	工作任务	课程内容与教学要求			活动设计	课时
		知识	技能	态度		
3	马桶的绘制	(1) 矩形的绘制 (2) 镜像命令的操作 (3) 延伸命令的操作	(1)能熟练绘制直线、椭圆、矩形； (2)能熟练进行偏移、镜像、修剪和圆角等修改操作 (3) 能熟练进行延伸命令的操作	(1) 培养做事细心、严谨的好习惯 (2) 培养团队协作能力	(1) 课件展示马桶实物图 (2) 认识马桶平面图 (3) 讲练结合	4
4	绘制电视柜	(1) 直线、圆弧的绘制 (2) 复制命令的操作 (3) 偏移命令的操作	(1) 掌握图形界限设置操作； (2)能熟练绘制圆弧； (3) 能熟练进行偏移和复制等修改操作	(1) 培养做事细心、严谨的好习惯 (2) 培养团队协作能力	(1)课件展示电视柜实物图 (2)认识电视柜平面图 (3) 讲练结合	4
5	沙发的绘制	(1) 圆弧的绘制 (2) 移动、缩放、旋转命令的操作 (3) 正确估算沙发尺寸	(1) 能依据图例熟练绘制圆弧； (2)能熟练进行修剪、缩放、镜像、旋转等修改操作	(1) 培养做事细心、严谨的好习惯 (2) 培养团队协作能力	(1) 课件展示沙发实物图 (2) 认识沙发平面图 (3) 分组讨论 (4) 讲练结合	4
6	地毯的绘制	(1) 图案填充的设置及应用 (2) 阵列命令的操作	(1) 掌握对象阵列操作； (2) 掌握图案填充操作	(1) 培养做事细心、严谨的好习惯 (2) 培养团队协作能力	(1) 课件展示地毯实物图 (2) 认识地毯平面图 (3) 分组讨论 (4) 讲练结合	2
7	阳台的绘制	(1) 前面所学命令的应用：直线、填充等 (2) 图形大小的估计	(1) 熟练运用基本绘图命令绘制图形。 (2) 能运用编辑命令进行图形的编辑操作。 (3) 提高识图能力。 (4) 能依样张正确估计图形大小	(1) 培养做事细心、严谨的好习惯 (2) 培养团队协作能力	根据学生发展情况，区别快慢进度，以小组协作方式进行操作。	2
8	衣橱的绘制	(1) 图块的创建和插入 (2) 巩固学过的命令	(1) 能熟练运用绘图命令和编辑命令 (2) 掌握图块的创建和插入	(1) 培养做事细心、严谨的好习惯 (2) 培养团队协作能力	(1)课件展示开门和滑门衣橱实物图 (2) 认识衣橱平面图 (3) 讲练结合	4
9	床的绘制	(1) 样条曲线和圆弧的绘制 (2) 巩固学过的命令	(1) 能熟练运用绘图命令和编辑命令 (2) 掌握利用样条曲线和圆弧绘制不规则曲线图形	(1) 培养做事细心、严谨的好习惯 (2) 培养团队协作能力	(1)课件展示双人床实物图 (2) 认识床的平面图 (3) 分组讨论 (4) 讲练结合	4
10	文字的注写	(1) 文字的注写方法 (2) 文字样式的设置	(1) 能熟练运用绘图命令和编辑命令 (2)掌握创建文字样式 (3) 掌握文字的注写	(1) 培养做事细心、严谨的好习惯 (2) 培养团队协作能力	(1)多媒体演示文字注写的方法 (2) 讲练结合	2

续表

序号	工作任务	课程内容与教学要求			活动设计	课时
11	餐厅的绘制	灵活运用所学命令	(1)能熟练使用直线、圆、圆弧、样条曲线、图案填充等绘图命令 (2)能熟练进行偏移、修剪、复制、旋转等修改操作 (3)掌握图块的创建和插入	(1)培养做事细心、严谨的好习惯 (2)培养团队协作能力	(1)课件展示餐厅实物图 (2)认识餐厅平面图 (3)分组讨论 (4)讲练结合	4
12	墙线的绘制	(1)多线的绘制 (2)多线样式的设置 (3)多线编辑的操作 (4)图层的创建和设置	(1)掌握创建图层和设置。 (2)掌握多线绘制的方法和步骤 (3)具有CAD图形绘制的较高技能。	(1)培养做事细心、严谨的好习惯 (2)培养团队协作能力	认识墙体 展示当堂课要画的墙体讲练结合	2
13	门窗的绘制	(1)图块的创建和插入 (2)圆弧的绘制	(1)能正确应用圆弧或圆命令绘制门 (2)掌握图块的创建和插入	(1)培养做事细心、严谨的好习惯 (2)培养团队协作能力	观察教室的门窗 展示门窗平面图 讲练结合	2
14	尺寸的标注	(1)文字的书写样式设置 (2)标注样式的设置	(1)掌握文字样式创建、文字注写 (2)掌握图案的填充 (3)掌握标注样式创建、尺寸标注 (4)能准确完美的标注图形	(1)培养做事细心、严谨的好习惯 (2)培养团队协作能力	讲解标注样式 独立完成标注	2
15	办公楼平面图的绘制	巩固所学的命令：标注、填充、多线等	(1)能熟练使用绘图命令和编辑命令 (2)掌握图块的创建和插入 (3)掌握文字样式的建立和文字注写 (4)掌握尺寸样式的建立和尺寸标注	(1)培养做事细心、严谨的好习惯 (2)培养团队协作能力	学生独立完成，教师辅助	4
16	样板文件的绘制	(1)图形样板文件创建和使用的方法。 (2)布局空间的应用 (3)表格的操作方法	(1)掌握图形样板文件创建和使用的方法。 (2)掌握布局空间的应用 (3)掌握表格的操作方法	(1)培养做事细心、严谨的好习惯 (2)培养团队协作能力 (3)培养规范作图的能力	(1)展示样板文件图 (2)讲练结合	2
17	设计图的绘制	(1)室内装修设计施工图制作标准 (2)室内设计图的绘制	(1)知道室内装修设计施工图制作标准。 (2)掌握室内设计图的绘制方法	(1)培养做事细心、严谨的好习惯 (2)培养团队协作能力 (3)培养规范作图的能力	(1)展示操作实例 (2)教师演示、学生互助	4

续表

序号	工作任务	课程内容与教学要求			活动设计	课时
18	设计图的打印	（1）了解模型空间与图纸空间 （2）打印图纸的方法	（1）知道模型空间与图纸空间。 （2）掌握使用布局进行打印	（1）培养做事细心、严谨的好习惯 （2）培养团队协作能力	教师演示打印设置操作 小组讨论，设置好打印样式	2
19	室内设计图（2）的绘制	（1）巩固绘图命令和修改命令 （2）打印图纸 （3）表格的操作	（1）能熟练使用绘图命令和编辑命令 （2）掌握表格的使用 （3）掌握布局打印操作 （4）能依样张正确估计图形大小	（1）培养做事细心、严谨的好习惯 （2）培养团队协作能力	学生独立完成，教师辅助	4
20	建筑总平面图的绘制	（1）了解房屋建筑国家标准 （2）理解新建筑物的表现规定	（1）掌握建筑总平面图的表现内容 （2）能熟练绘制 CAD 图形。	（1）培养做事细心、严谨的好习惯 （2）培养团队协作能力	（1）教师讲解房屋建筑国家标准，学生认真做笔记 （2）独立完成	4
21	建筑平面图的绘制	（1）了解建筑平面图的形成和用途 （2）理解底层平面图的内容和要求	（1）掌握建筑平面图的形成和用途 （2）理解底层平面图的内容和要求 （3）能熟练绘制 CAD 图形。	（1）培养做事细心、严谨的好习惯 （2）培养团队协作能力	（1）教师讲解底层平面图的内容和要求，学生认真做笔记 （2）独立完成	4
机动	考核					4
合计						72

7.4 教学组织与评价

7.4.1 教材编写

（1）本课程标准为教材编写提供参考依据。

（2）教材应充分体现校企结合的课程设计思想，结合数字媒体专业从业资格考核要求，以项目为主线，合理安排教材内容。

（3）教材以实例操作技能为切入点，以认知和能力训练为核心，以构建知识体系和能力训练体系为主线，使教材具有可读性、趣味性、实用性、操作性。

（4）教材的文字表述力求通俗易懂、深入浅出，各项技能训练活动的设计应贴近生活实践操作实际，体现真实性、实用性。

7.4.2 教学方法

教学方法按照本课程标准要求，充分运用多媒体演示，学生练习等教学手段，为达到教学目的，建议采用以下教学方法：

（1）讲授法

重点讲授学生新的命令和操作方法

（2）案例教学法

每节课给出具体图例，教师简单提示，学生独立完成。

（3）分组学习法：

比较复杂的图形先让学生分组讨论后操作

（4）项目教学法：

根据项目的设计，循序渐进介绍新命令，引入新方法

7.4.3 教学条件

（1）教师素质要求

① 具有“双师”素质，业务能力强

② 具有较强的基于计算机软件教学的教学设计能力

（2）教学场地及设施要求

① 配备足够的电脑，让每一位学生拥有一台

② 配备投影仪和极域设备

③ 具有安全完好的实习实训基地

7.4.4 课程资源

（1）课件

（2）教案

（3）实例

7.4.5 教学评价

采取学习过程和学习目标评价相结合的方法。过程考核主要在教学过程中对学生的学习态度、操作能力、课堂讨论、作业等情况进行的评价；目标考核是在课程结束时，对学生在知识和技能的整体掌握情况的评价。

学生成绩＝过程理论评价（20%）+过程实训评价（40%）+目标评价（40%）。

考核比例及要求：

（1）过程理论评价占20%。主要包括对课堂提问、讨论、作业等情况进行评价计分。

（2）过程实训评价占40%。分实训项目视完成情况记成绩。

（3）目标评价占40%。本课程期末采用实作考核，给出具体的图例，考查学生对知识的灵活应用和解决问题的能力。

7.5 其　他

本课程教学标准适用于数字媒体专业。

8 《CorelDraw》课程标准

8.1 课程性质

8.1.1 课程定位

本课程是中等职业学校计算机应用专业的一门实作课程，适用于计算机应用等专业，是从事图文排版，广告设计等岗位的基础课程，其主要功能是使学生掌握 CorelDraw 这门软件的基本操作方法及技能，具备独立处理和设计图形的职业能力，并为学习图形图像设计、网页设计及多媒体作品制作做好准备。

8.1.2 设计思路

（1）设计依据

本课程的设计思路是以行业需求为导向，以拓宽基础、突出实用、注重发展为依据确定课程目标，设计课程内容；以培养学生动手能力的过程为主线构建本课程。按中职学生的认知特点设计学习过程，通过学习任务构建 掌握相关的知识和技能，培养学生胜任岗位的职业能力。

（2）课程目的

本课程的目的是通过掌握学习 CorelDraw 软件的基础知识，解决实际岗位中的图文排版，广告设计等问题。立足这一目的，本课程结合典型工作任务，依据对应职业能力要求制定了课程目标。分别涉及的是职业技能、行业工作规范及职业道德。教材编写、教师授课、教学评价都应在依据这一目标定位进行。

（3）课程内容

本课程是一门以实际操作为核心内容的课程，其教学要案例和任务驱动为主要教学方法，实行“以行业需求为导向”的能力本位教学。教学可在情境中进行。在学习情境中，建议将学习项目进行任务分解。可设计的项目包括初识 CorelDraw、图形的绘制、对象的操作与管理、对象的操作与管理、文本处理、应用交互式效果、位图的处理、图层与辅助功能、网页制作。

（3）活动设计

每一个项目的学习都以能力本位为载体，以培养学生职业能力为中心，整合所需相关知识和技能，实现实践性、可读性、趣味性的结合，给学生提供更多的动手机会，提高学生的动手操作技能。

本课程总课时为 288 学时。

8.2 课程目标

8.2.1 知识目标

（1）了解图形设计的基本概念
（2）理解各图形设计软件之间的关系
（3）掌握计算机美术设计的基本知识
（4）熟练掌握该软件的各项操作技能
（5）知道图文排版，图形设计的基本格式及行业规范

8.2.2 技能目标

（1）能进行软件各个工具的基本应用及操作
（2）能描述图形设计等相关设计规则及行业规范
（3）会操作软件完成各项实作内容
（4）具备独立排版及图形设计的能力

8.2.3 情感目标

（1）具有计算机安全意识
（2）具有一定的审美情趣，并融入自己的设计作品中去
（3）培养学生良好的职业道德，严谨的工作作风、敬业精神和团队合作精神

8.3 课程内容

序号	工作任务	课程内容与教学要求			活动设计	课时
		知识	技能	态度		
1	初识 CorelDraw	（1）了解矢量图与位图 (2)熟悉 CorelDraw 的安装及启动 (3)熟悉 CorelDraw 的操作界面，重点认识界面中的工具箱和属性栏 （4）掌握一些基本设置：设置页面、颜色模型（CMYK）与调色板；区分文件保存格式（.cdr），导出图片格式（.jpg）	（1）了解矢量图与位图的基本概念；简单了解 RGB 和 CMYK 色彩模式 （2）熟悉 CorelDrawX3 界面 （3）掌握设置页面、颜色模型与调色板	（1）具有独立思考的能力和举一反三的学习能力 （2）具有一定的审美情趣 （3）团队协作的意识	（1）讲授法讲授理论 （2）案例教学法展示本堂课的教学内容，教学目标以及重难点 （3）任务驱动法为每一位学生分配本堂课的学习内容，并提出要达到的目标 （4）分组学习使学生在独立思考的同时能相互学习，达到共同进步的目的 （5）教师点评使学生学会总结及反思	10

续表

序号	工作任务	课程内容与教学要求			活动设计	课时
		知识	技能	态度		
2	图形的绘制	① 绘制和编辑直线与曲线：用手绘工具、贝塞尔工具、钢笔工具等绘制直线和曲线。用形状工具编辑线条、艺术笔工具绘制特殊线条和图案 ② 标准形状的绘制：基本形状、矩形、椭圆、多边形、图纸、螺旋形、箭头等； ③ 绘图曲线的控制和处理：对节点的操作 ④ 实例：制作折扇、香蕉，堆砌方块，画花、卡通画	① 掌握绘制直线、曲线和标准形状 ② 掌握对象的基本编辑技术 ③学会绘图曲线的控制和处理	① 具有独立思考的能力和举一反三的学习能力 ② 具有一定的审美情趣 ③ 团队协作的意识	① 讲授法讲授理论 ② 案例教学法展示本堂课的教学内容，教学目标以及重难点 ③ 任务驱动法为每一位学生分配本堂课的学习内容，并提出要达到的目标 ④ 分组学习使学生在独立思考的同时能相互学习，达到共同进步的目的 ⑤ 教师点评使学生学会总结及反思	40
3	对象的操作与管理	① 对象的选择与复制：单选、全选、框选、复制与再制、重复复制 ② 对象的变换：移动、缩放、镜像 ③ 对象的编辑：旋转、倾斜、自由变换、裁减和擦除； ④ 对象的排列与对齐； ⑤ 对象的群组、结合与锁定：群组与取消群组、结合与拆分、锁定与解锁； ⑥ 对象的修整：焊接、修剪、相交、简化、前减后、后减前； ⑦ 图框的精确剪裁； ⑧ 添加透视点：透视效果的制作； ⑨实例：花碗、立体太极图	① 掌握对象的基本操作与编辑； ② 掌握对象的群组与结合方法； ③ 能够修整和精确剪裁对象； ④ 能给对象添加透视效果	① 具有独立思考的能力和举一反三的学习能力 ② 具有一定的审美情趣 ③ 团队协作的意识	① 讲授法讲授理论 ② 案例教学法展示本堂课的教学内容，教学目标以及重难点 ③ 任务驱动法为每一位学生分配本堂课的学习内容，并提出要达到的目标 ④ 分组学习使学生在独立思考的同时能相互学习，达到共同进步的目的 ⑤ 教师点评使学生学会总结及反思	40

续表

序号	工作任务	课程内容与教学要求			活动设计	课时
		知识	技能	态度		
4	对象的操作与管理	① 常用的色彩模式及运用； ② 单色填充：利用调色板、泊坞窗、吸管和智能填充工具进行单色填充； ③ 渐变填充：设置渐变属性、编辑渐变效果； ④ 图案填充：双色图案填充、全色花纹填充、位图花纹填充； ⑤ 纹理（材质）填充； ⑥ 握交互式填充和网格填充； ⑦ 编辑轮廓：设置轮廓色彩和宽度、设置线条转角、端头和箭头样式、设置和编辑轮廓线形、创建书法轮廓、后台填充和按比例改变轮廓； ⑧ 实例：立体球、立方盒、锥、丹顶鹤。	① 会进行单色填充、渐变填充与轮廓编辑； ② 会图案填充，纹理填充、交互式填充、网格填充。	① 具有独立思考的能力和举一反三的学习能力 ② 具有一定的审美情趣 ③ 团队协作的意识	① 讲授法讲授理论 ② 案例教学法展示本堂课的教学内容，教学目标以及重难点 ③ 任务驱动法为每一位学生分配本堂课的学习内容，并提出要达到的目标 ④ 分组学习使学生在独立思考的同时能相互学习，达到共同进步的目的 ⑤ 教师点评使学生学会总结及反思	40
5	文本处理	① 美术文本和段落文本的创建和转换； ② 基本文本处理：添加文本、添加符号、编排文字格式、应用字符属性、应用段落格式的编排、应用文字样式； ③制作文本效果：透视、阴影、双色文字等效果； ④ 创建与编辑路径文本； ⑤ 实例：广告制作、印鉴的制作。	① 掌握文本处理方法； ② 学会制作文本效果。	① 具有独立思考的能力和举一反三的学习能力 ② 具有一定的审美情趣 ③ 团队协作的意识	① 讲授法讲授理论 ② 案例教学法展示本堂课的教学内容，教学目标以及重难点 ③ 任务驱动法为每一位学生分配本堂课的学习内容，并提出要达到的目标 ④ 分组学习使学生在独立思考的同时能相互学习，达到共同进步的目的 ⑤ 教师点评使学生学会总结及反思	30

续表

序号	工作任务	课程内容与教学要求			活动设计	课时
		知识	技能	态度		
6	应用交互式效果	① 交互式调和效果：基本调和、复合调和、沿路径调和、复制调和、调和中的中间对象的处理、调和分离和清除； ②交互式轮廓效果：调和步数及偏移量； ③交互式变形效果：推拉变形、拉链变形、扭曲变形； ④交互式阴影效果：阴影角度、不透明度、羽化程度； ⑤交互式封套效果：创建封套、封套的 4 种模式、封套的映射模式、应用预设封套、调整封套节点和线段、移除封套； ⑥互式立体化效果：立体化分类、位图立体化 、矢量立体化、 编辑矢量立体模型、 矢量立体模型的分离和清除； ⑦交互式透明效果：均匀透明效果、渐变式透明效果、使用图样透明效果、使用纹理透明效果； ⑧实例：相框、钟表、欧式立柱、珍珠串、照片朦胧效果、切割画、光盘、斜边字、立体字、齿轮、立体心形相、花儿、水仙、轮廓字、盾牌	① 能够制作调和效果、透明效果、立体化、轮廓图； ②能够进行对象的变形和应用封套	① 具有独立思考的能力和举一反三的学习能力 ② 具有一定的审美情趣 ③ 团队协作的意识	① 讲授法讲授理论 ② 案例教学法展示本堂课的教学内容，教学目标以及重难点 ③ 任务驱动法为每一位学生分配本堂课的学习内容，并提出要达到的目标 ④ 分组学习使学生在独立思考的同时能相互学习，达到共同进步的目的 ⑤ 教师点评使学生学会总结及反思	30

续表

序号	工作任务	课程内容与教学要求			活动设计	课时
		知识	技能	态度		
7	位图的处理	① 编辑位图：导入位图、矢量图转化为位图、位图转化为矢量图、改变位图的视图模式、处理连接的位图、位图的倾斜、旋转； ② 位图的颜色和色彩模式：改变位图的颜色、调整和校正图像的色调、不同色彩模式的转换； ③ 位图的滤镜效果； ④ 添加和删除处挂式滤器； ⑤ 实例：古钱币	① 能够进行位图的导入与编辑； ② 学会利用滤镜制作位图效果。	① 具有独立思考的能力和举一反三的学习能力 ② 具有一定的审美情趣 ③ 团队协作的意识	① 讲授法讲授理论 ② 案例教学法展示本堂课的教学内容，教学目标以及重难点 ③ 任务驱动法为每一位学生分配本堂课的学习内容，并提出要达到的目标 ④ 分组学习使学生在独立思考的同时能相互学习，达到共同进步的目的 ⑤ 教师点评使学生学会总结及反思	30
8	图层与辅助功能	① 图层的管理：新建与删除图层、添加对象到图层、图层间的选择、移动和复制操作、主图层的应用； ② 设置标尺、网格和辅助线； ③ 查找与替换对象； ④ 使用对象管理器：对象管理器卷帘窗、新增、删除图层、向图层中添加对象、图层排序、对图层的其他操作； ⑤ 实例：电影胶片、放大镜、向日葵	能进行图层管理，并且会设置标尺与网格	① 具有独立思考的能力和举一反三的学习能力 ② 具有一定的审美情趣 ③ 团队协作的意识	① 讲授法讲授理论 ② 案例教学法展示本堂课的教学内容，教学目标以及重难点 ③ 任务驱动法为每一位学生分配本堂课的学习内容，并提出要达到的目标 ④ 分组学习使学生在独立思考的同时能相互学习，达到共同进步的目的 ⑤ 教师点评使学生学会总结及反思	30
9	网页制作	① 创建Web页面； ② 创建HTML文本； ③ 插入Internet对象； ④ 创建超级链接； ⑤ 制作翻滚效果； ⑥ 利用模板创建Web 页面； ⑦ 发布主页	① 会进行网页制作； ② 会创建超级链接	① 具有独立思考的能力和举一反三的学习能力 ② 具有一定的审美情趣 ③ 团队协作的意识	① 讲授法讲授理论 ② 案例教学法展示本堂课的教学内容，教学目标以及重难点 ③ 任务驱动法为每一位学生分配本堂课的学习内容，并提出要达到的目标 ④ 分组学习使学生在独立思考的同时能相互学习，达到共同进步的目的 ⑤ 教师点评使学生学会总结及反思	30

续表

序号	工作任务	课程内容与教学要求			活动设计	课时
		知识	技能	态度		
10	机动（考核）					8
11	合计					288

8.4 教学组织与评价

8.4.1 教材编写

（1）本课程标准为教材编写提供参考依据。

（2）教材应充分体现计算机应用专业课程的针对性和实效性的课程设计思想，结合学生从业资格考核要求，以理论讲解为辅助，学生动手实作为主线，合理安排教材内容。

（3）教材以掌握操作能力这一技能为切入点，以认知和能力训练为核心，以构建知识体系和能力训练体系为主线，使教材具有可读性、趣味性、实用性、针对性。

（4）教材的文字表述力求通俗易懂、深入浅出，各项技能训练活动的设计应贴近行业实践操作实际，体现实用性、实效性。

8.4.2 教学方法

教学方法按照本课程标准要求，充分运用多媒体，微课等教学手段，为达到教学目的，建议采用以下教学方法：

（1）讲授法：通过理论的讲解给学生讲授软件相关基础知识，行业规范以及基础工具的使用

（2）案例教学法：通过案例的教学，让学生在掌握理论时更加生动和具体，体现了以学生为主体，能力为本位。

（3）任务驱动法：通过任务的布置让学生每一节课都有一个学习目标，从而提高学生的学习兴趣以及学习效率

（4）分组学习法：团队之间的相互合作与鼓励，促进学习带动性和积极性

8.4.3 教学条件

（1）教师素质要求

① 具有“双师”素质，业务能力强

② 具有较强的基于图形设计和本软件的教学设计能力

（2）教学场地及设施要求

① 配备可供教师讲课的多媒体及相关软件

② 配备可供学生实作的机房

③ 具有相应实习实训基地

8.4.4 课程资源

（1）教材
（2）网络教程
（3）广告公司作品

8.4.5 教学评价

采取学习过程和学习目标评价相结合的方法。过程考核主要在教学过程中对学生的学习态度、操作能力、课堂讨论、作业等情况进行的评价；目标考核是在课程结束时，对学生在知识和技能的整体掌握情况的评价。

学生成绩＝过程理论评价（20%）+过程实训评价（40%）+目标评价（40%）。

考核比例及要求：

（1）过程理论评价占 20%。主要包括对课堂提问、讨论、作业等情况进行评价计分。
（2）过程实训评价占 40%。分实训项目视完成情况记成绩。
（3）目标评价占 40%。结合从业资格考试内容进行笔试。

8.5 其　　他

本课程教学标准适用于计算机应用专业。

9 《C 语言程序设计基础》课程标准

9.1 课程性质

9.1.1 课程定位

C 语言程序设计基础是中等职业学校计算机应用技术专业的一门专业基础课程，是一门理论性和实践性都很强的课程，既要掌握概念，又要动手编写程序，还要上机调试程序运行。本课程通过对 C 语言的语法规则、数据类型、数据运算、语句、系统函数、程序结构等的学习，使学生掌握结构化程序设计的思想和方法，会用 C 语言编写简单应用程序，培养学生面向过程的编程能力、逻辑思维能力以及分析问题解决问题的综合能力。为今后学习其他程序设计语言和进行各种实用程序设计开发奠定一个良好的基础。

适用于计算机应用技术等专业，是从事软件开发岗位的基础课程，其主要功能是使学生掌握计算机编程基本思想、编程基本方法和技能，以及培养逻辑思维能力。

前导课程：计算机应用基础。

9.1.2 设计思路

（1）设计依据

“以学生为中心，以能力为本位”的教学理念为依据确定课程目标，为学生“学其所用，用其所学”而设计课程内容；以使学生掌握 C 语言程序设计基础知识，培养面向过程的结构化程序设计思想和基本方法，为主线构建课程学习任务。按中职学生的认知特点设计学习过程，通过学习任务构建 掌握相关的知识和技能，培养学生初步具备程序设的基本职业能力。

（2）课程目的

通过本课程的学习使学生掌握 C 语言的基本语法知识和编程技能，掌握结构化程序设计的思想和方法，通过对知识、技能和态度学习的要求，使学生在学习完本课程后具有初步的软件开发能力和适合岗位需要的职业能力和素质，为后续的系列课程学习奠定基础，如 《C#程序设计》、《Java 程序设计》等课程的学习。

（3）课程内容

本课程是一门理论和实践为核心内容的课程，其教学推荐以“任务驱动”、“项目导向”为主要教学方法，实行“以为学为中心，能力为本位”的能力本位教学。教学可在“班级学生成绩管理系统”的项目情境中进行。在学习情境中，建议将学习项目进行任务分解。在教学中将该项目分解为以下几个子项目，进行教学组织：

项目 1 项目菜单设计

项目 2 学生成绩的输入与计算

项目 3 项目菜单的选择执行

项目 4 项目的整体框架设计

项目 5 项目中数组的应用

项目 6 项目中指针的应用

项目 7 项目中自定义数据类型

项目 8 文件及应用

我们将这八个项目作为本课程的八个学习情境，“班级学生成绩管理系统”采用“循序渐进”的原则，分任务实施。本课程的各个学习情境以 1 到 4 个任务为驱动，围绕完成任务设计必备的知识与理论进行讲解，使学习与应用融为一体。通过学习的深入逐步完善程序的功能，最后形成一个较为完整的程序。随着学习的逐步深入，也可以自己增加新的模块，使程序逐步完善、实用。

（4）活动设计

每一个项目的学习都以任务为载体，以培养学生职业能力为中心，整合所需相关知识和技能，实现实践性、可读性、趣味性的结合，给学生提供更多的动手机会，提高程序设计的实践操作技能。

本课程总课时为 72 学时。

9.2 课程目标

9.2.1 知识目标

（1）了解计算机语言的发展和程序设计的基本概念。

（2）理解结构化程序设计的基本思想和基本方法、步骤。

（3）掌握 C 语言数据类型、变量、常量、运算符、表达式、语句、数组、函数、编译预处理命令的应用。

（4）熟练掌握顺序结构、选择结构、循环结构的 C 程序的构成及编程技巧

（5）知道指针、结构体、位运算和文件。

9.2.2 技能目标

（1）能在 C-Free 集成环境中编写、编译和调试 C 语言程序。

（2）具备阅读分析程序的能力，会 C 语言程序错误的排查。

（3）具备分析和解决实际问题的能力。

（4）具备编写较为简单的应用程序的能力。

（5）具备 C 语言程序设计的基本过程方法和技巧。

9.2.3 情感目标

（1）培养严肃，认真一丝不苟的工作作风。

（2）培养学生独立获取知识、自主探索学习和团队协作精神，解决问题的创新意识等。

（3）培养学生谦虚、好学的能力，勇于创新、敬业乐业的工作作风。

（4）培养良好的职业道德及职业安全意识：培养精益求精的工作态度、严谨的工作作风、吃苦耐劳的精神；树立计算机从业人员的职业道德，树立数据安全的意识；维护机房清洁，树立实训操作安全意识。

9.3 课程内容

序号	工作任务	课程内容与教学要求			活动设计	课时
		知识	技能	态度		
	项目菜单设计	1. 程序设计基础 2. 使用C-Free开发C语言程序 3. C 语言程序的组成	1. 掌握 C 语言的程序框架 2. 能够编写最简单的输出程序	1. 培养学生具有强烈的好奇心和求知欲。 2. 培养学生的适应社会的能力。		4
2	学生成绩的输入与计算	1. C 语言的数据类型、运算符与表达式 2. 数据的输入与输出	1. 掌握 C 语言的程序编程的方法和步骤 2. 能够编写最简单的顺序结构程序	1. 培养学生的自主学习能力。 2. 培养学生的表达能力。		10
3	项目菜单的选择执行	1. 掌握 if、switch 分支结构流程控制命令。 2. 掌握 for、while、do-while、break、continue 循环结构流程控制命令。	1. 掌握分支语句的语法结构，能够编写简单的分支结构程序。 2. 掌握循环结构的应用场合，循环结构的设计，循环语句的用法，设计简单的循环结构程序。	1. 培养学生的创造思维能力素质。 2. 培养学生分析问题和解决问题的能力。 3. 培养学生的交往、沟通和团队合作能力。		10
4	项目中数组的应用	1. 数组的概念 2. 一维数组 3. 二维数组 4. 字符数组	1. 掌握数组的定义和使用方法 2. 数组的常用操作 3. 掌握处理大批量同类型数据的方法 4. 能够用数组编写简单程序	1. 培养学生的勤于思考，举一反三的能力。 2. 培养学生具有强烈的好奇心和求知欲。 3. 培养学生的自主学习能力。		12
5	项目的整体框架设计	1. 函数的定义 2. 函数调用 3. 函数的声明 4. 函数间参数的传递方法 5. 文件包含处理 6. 宏处理	掌握模块化程序设计的思想	1. 培养学生的交往、沟通和团队合作能力。 2. 培养学生良好的决策能力。 3. 培养学生良好的表达沟通能力。		12
6	项目中指针的应用	1. 掌握指针的概念及基本操作 2. 指针在数组和函数中的应用	1. 能掌握指针在 C 语言中的应用 2. 能用指针编写相关程序	1. 培养学生的勤于思考，举一反三的能力。 2. 培养学生严谨、周密的工作态度。 3. 培养学生的自主学习能力。		12

续表

序号	工作任务	课程内容与教学要求			活动设计	课时
		知识	技能	态度		
7	项目中自定义数据类型	掌握构造类型结构体类型及其应用	具备灵活应用结构体变量、结构体数组、结构体指针及链表编写程序的能力	1. 培养学生的创造思维能力素质。 2. 培养学生分析问题和解决问题的能力。 3. 培养学生的交往、沟通和团队合作能力。		6
8	文件及应用	1. 掌握文件的基本概念 2. 文件的读写操作	1. 能领会文件的用途 2. 能利用文件编写简单程序	1. 培养学生分析问题和解决问题的能力。 2. 培养学生的交往、沟通和团队合作能力。		4
9	机动（考核）					2
10	合计					72

9.4 教学组织与评价

9.4.1 教材编写

（1）本课程标准为教材编写提供参考依据。

（2）教材应充分体现以学生为主的课程设计思想，结合从业资格考核要求，以任务驱动为主线，合理安排教材内容。

（3）教材以学生技能为切入点，以认知和能力训练为核心，以构建知识体系和能力训练体系为主线，使教材具有可读性、趣味性、实用性。

（4）教材的文字表述力求通俗易懂、深入浅出，各项技能训练活动的设计应贴近实践操作实际，体现实用性。

9.4.2 教学方法

教学方法按照本课程标准要求，为达到教学目的，充分运用多媒体现代化教育技术等教学手段，教学模式的构建推荐以“任务驱动”、“项目导向”模式为主，结合其他模式的不同特点，相互补充，目的是要帮助学生学会学习，提高能力。建议采用以下教学方法：任务驱动、项目教学、讲授法、案例教学、角色扮演、情景模拟、分组讨论学习、微课形成立体化的教学体系。

（1）授课。本课程建议的课堂教学模式为“任务驱动”模式。授课教师的教案准备按照“提出任务→解决任务→再提出新任务→再解决任务”的循环，逐渐深入，以问题引导学生主动思考，激发学生参与讨论的积极性。从而帮助学生建立良好的思维习惯，帮助学生学会学习。

（2）讨论。本课程建议除以问题引导学生参与讨论外，建议以“学生助教”的方式，锻炼学生的参与、协调、统领、领导及创新能力。

（3）作业。学生作业建议按单元作业、综合作业、实践性作业相结合的方式，多方面培养和锻炼学生对知识的综合应用能力。

（4）实验实训。本课程应该为学生设计专题仿真试验，培养和锻炼学生的知识应用能力、试验能力、分析能力。

9.4.3 教学条件

（1）教师素质要求

担任本课程的主讲教师需要熟练掌握 C 语言，具备运用 C 语言进行程序开发的能力，同时应具备较丰富的教学经验，在组织教学能力方面，本课程的教师应具备基本的设计能力，能按照本课程标准制定详细的授课计划，精心设计每一次课的教学过程，具备较强的施教能力，掌握扎实的教学基本功，具备一定的课堂控制能力和应变能力，能做到因材施教。

（2）教学场地及设施要求

本课程要求在多媒体机房完成，以实现“教、学、做”三体合一，同时要求安装多媒体教学软件和 C 语言集成学习环境，便于下发教学任务和收集学生课堂实践任务。

9.4.4 课程资源

（1）多媒体教学设备。

（2）C-Free5.0 集成开发环境。

（3）教学课件。

（4）网络教学资源：C 语言网 http://www.cyuyan.com.cn/、C 语言中文网 http://see.xidian.edu.cn/cpp/、编程中国 http://www.bccn.net/

（5）音频视频教学资料。

9.4.5 教学评价

本门课程是一门理论考试与实训考试相结合评价的课程，评价依据是本课程标准规定的课程目标、教学内容和要求。

（1）理论成绩的综合评价

采用闭卷、笔试的方式，以百分制评分，60 分为及格，满分为 100 分，占总评成绩的 50%。

（2）实训成绩的综合评价

为全面反映学生的实训技能，将学生的实训成绩记入总成绩中，满分为 100 分，占总评成绩的 30%。

（3）平时成绩的综合评价

平时成绩包括平时考勤和课堂表现与平时作业完成情况，而课堂表现包括课堂学习态度、课堂讨论与回答问题等综合表现，占总评成绩的 20%。

9.5 其　他

本课程教学标准适用于中职计算机应用专业。

10 《数据库基础》课程标准——Visual Foxpro 6.0

10.1 课程性质

10.1.1 课程定位

本课程是中等职业学校计算机相关专业的一门核心课程，适用于中等职业学校计算机专业，是从事计算机或与计算机操作相关岗位工作的必修课程，其主要功能是使学生掌握数据库管理的基础知识，初步掌握数据的输入、处理、查询及输出，了解结构化程序设计和面向对象的程序设计基本思想，为学生升入高一级学校继续学习奠定基础。

本课程的前导课程有录入技术，计算机基础，办公软件应用等，可与《C 语言程序设计》课程同时开设，为其他编程语言奠定学习基础。

10.1.2 设计思路

本课程的设计思路是以计工作任务及岗位需求为依据确定课程目标，设计课程内容；以工作任务为主线构建项目化课程。按数据处理流程和数据库应用系统开发流程来设计学习过程，使学生掌握数据库的相关的知识和技能。

本课程的目的是使中等职业学校计算机专业学生学会最基本的数据库的相关理论的操作技能，并具有一定的数据库软件开发能力。立足这一目的，本课程结合开发应用程序的，依据实际工作过程制定课程目标。其中包括知识、技能和素质目标。教学组织评价都按这一目标进行。

依据上述课程目标定位，本课程从建立数据库，建立查询，建立报表，程序设计等方面对课程内容进行规划与设计，以使课程内容更切合工作实际情况。

本课程是一门以数据库基础知识及操作为核心内容的课程，其教学是以项目教学法为主要方法，实行目标化教学。教学中以开发一个班级管理系统为线索，并兼顾数据处理和流程进行。在学习情境中，建议教师根据模块化程序设计的思想实施课堂教学。

每一个项目的学习都以学生实际操作为载体，以数据库基本理论为中心整合所需相关操作系统知识，实现“基础、实用、新型、能力”等八字方针，给学生提供更多的动手机会，提高数据库操作技能。

本课程总课时为 216 学时。

10.2 课程目标

10.2.1 知识目标

通过学习掌握数据库管理的基础知识，初步掌握数据的输入、处理、查询及输出，了解结构化程序设计和面向对象的程序设计基本思想，为学生的继续学习奠定基础。

10.2.2 技能目标

能够操作数据表、数据库，建立查询、报表、表单及菜单。能使用 VFP 编程；能上机调试程序；具有一定阅读程序的能力。

10.2.3 素养目标

培养学生的逻辑思维能力；具有严谨的学风、创新意识和创新精神、科学的求学态度；具有团队合作精神。树立计算机从业人员职业道德。

10.3 课程内容

序号	工作任务	课程内容与教学要求			活动设计	课时
		知识	技能	素养		
1	初识数据库	(1)数据库系统的一些基本概念 (2) VFP 中命令的书写规则	(1) 安装、启动和退出 VFP 系统 (2) 收集组织数据并规范为关系表	培养学习能力，能够举一反三	以 Office 软件的使用，用类比的方法进行教学	10
2	创建数据库	(1) 规划数据库的步骤 (2) 创建数据库及表的方法 (3) 索引的相关概念 (4) 设置表间关系的方法	(1) 会创建数据库及数据表 (2) 会创建索引，并设置表间关系。	培养学习严谨的学习态度，提高逻辑思维能力	创建班级管理系统中需要的数据库及表，并在建立索引的基础上设置表间关系	20
3	维护数据库	(1) 定位记录 (2)追加、删除及批量更新记录 (3) 设置数据库表的属性 (4) 导入导出数据	会根据需要对数据表进行编辑修改	树立数据安全的意识	根据实际，维护班级管理系统中的数据	10
4	查询数据	(1) 常量、变量、运算符与表达式、常用函数等基础语法知识 (2) 使用查询向导和查询设计器创建查询 (3) 运行查询并将其结果输出到浏览窗口或表等	会用向导和设计器创建查询	提升处理数据的能力	联系班级管理实际，创建满足不同要求的查询	30

续表

序号	工作任务	课程内容与教学要求			活动设计	课时
		知识	技能	素养		
5	输出数据	（1）报表的设计步骤 （2）使用报表向导、快速报表或报表设计器创建报表布局文件 （3）预览和打印报表 （4）设计报表带区并灵活使用控件	会用多种方法创建报表布局文件	提升审美能力	根据班级管理系统的要求，使用不同的方法创建报表	40
6	SQL 语言及应用	（1）用 Create Database，Open Database 创建、打开数据库 （2）用 Create Table，Alter Table 创建、修改表结构 （3）用 Insert Into 语句向表插入记录内容 （4）用 Update 语句批量更新记录 （5）用 Delete 语句批量删除记录 （6）Select 语句的格式及各个选项的作用	会使用 SQL 语句进行数据库及表的操作	提升数据处理的力，奠定学习其他数据库管理系统的基础	用 SQL 语句创建班级管理系统中需要的文件	20
7	设计应用程序表单	（1）对象、属性、事件和方法 （2）表单的基本操作及其表单常用的属性、事件和方法 （3）各类控件的属性、事件和方法	会使用表单设计器创建基本的实用表单	培养面向对象编程的思想，为进一步学习程序设计课程奠定基础	设计班级管理系统中的不同功能表单，学习面向对象的程序设计方法	60
8	综合设计系统	（1）使用项目管理器组织和管理各种类型文件 （2）菜单设计器 （3）设置主文件 （4）连编应用程序	（1）会使用项目管理器管理文件 （2）会设计菜单 （3）会综合设计系统	培养全局观念，提升应用系统的开发能力，激发进一步学习的求知欲望	在前几任务基础上完成系统的集成，进一步树立程序开发的全局思想	20
9	机动	考核				6
10	合计	216				

10.4 教学组织与评价

10.4.1 教材编写

（1）依据本课程标准编写教材，充分体现以实际工作任务为载体的课程设计思想。

（2）以工作任务为主线构建项目化课程。按开发一个数据库应用系统的要求设计学习过程，以职业能力为依据组织教材内容。

（3）教材编写应考虑到中职学生实际动手能力强、文化基础较弱的特点，结合中职生现阶段的认知能力，语言尽量简洁易懂，辅之以实物图片。

（4）教材内容应依据数据库操作人员岗位职业能力的要求来安排。

（5）建议开发立体化教材，配置课程、教学设计、微课等教学资源。

10.4.2 教学方法

（1）在教学过程中，应贯彻任务引领的指导思想，立足于学生实际操作能力的培养，激发学生的学习兴趣，发展学生的综合职业能力。

（2）本课程建议主要在多媒体实训室中进行，通过教师引领、学生合作学习、自主探究学习、展示评价等，让学生在实际的操作训练中，掌握数据库的基本理论及操作技能。

（3）在教学过程中要创设专业教学活动的情景，加强实际操作训练，紧密围绕各活动设计的相关内容与要求，提高学生的实践动手能力，发挥学生的创新精神。

（4）本课程适合综合采用讲授、项目教学、案例教学等多种教学方法

10.4.3 教学条件

（1）硬件设施要求

① 建立计算机实作室；

② 满足当前所需要的安装软件。

（2）师资要求

① 具有中等职业学校教师资格；

② 具有计算机相关专业三级及以上职业资格证书或相应技术职称；

③ 可聘请计算机销售企业行业能手作兼职教师。

10.4.4 课程资源

（1）充分发挥现代化信息技术的优势，利用网络查找最新信息；

（2）开发多媒体课件创设生动的学习环境，激发学生的学习兴趣，帮助学生对知识的理解和掌握，提高课堂教学的时间利用率。

10.4.5 教学评价

（1）采用自评、互评、小组评、教师评价相结合，过程性评价和结果性评价相结合的评价体系，注重学生平时知识的积累和技能的培养。

（2）采用多样化的评价形式和评价方法，加强实践性教学内容的考核，充分关注学生个性差异，综合评价学生的学习成效。

（3）注重学生发现问题、分析问题和解决问题能力评价，鼓励学生在知识的学习和应用上有所创新。

（4）根据不同班级学生实际情况，可让学生自主设计具有一定实用价值的数据库应用程序，将考核评价按一定比例计入学生评价中。

10.5 其　他

本课程教学标准适用于中等职业学校各类计算机专业。

11 《网页设计与制作》课程标准

11.1 课程性质

11.1.1 课程定位

本课程是中等职业学校计算机专业的一门主干专业课程，通过本课程的学习，要求学生掌握网页设计的基本概念，学会使用常用的网页设计工具和相关网页美化软件，能够设计制作常见的静态网页。

主要功能：具备网站的建立和维护能力，同时通过本课程的学习，培养学生的综合职业能力、创新精神和良好的职业道德。

与其他课程关系：本课程是一门专业课程，在学习本课程之前必须要熟练掌握计算机基础知识，能够轻松的使用计算机。因网页美化需要多种技术，而且也需要很强的艺术感，所以要想做出理想网站还需要掌握更多的专业知识，如：配色、Photoshop 图像处理、计算机网络技术等。本课程一般在高二年级开设，此时学生已经具备一定的计算机基础知识和动手能力，能较快地掌握网页设计的各种知识，静态网页制作也是后续动态网页制作课程的基础。

11.1.2 设计思路

（1）设计依据

本课程标准的总体设计思路：以计算机网络技术专业学生的就业为导向，根据行业专家对计算机网络技术专业所涵盖的岗位群进行的任务和职业能力分析，紧紧围绕完成工作任务的需要来选择课程内容，设定职业能力培养目标；以“工作项目”为主线，创设工作情景；以书本知识的传授变为动手能力的培养为重点，强化学生实践动手能力的培养，以实现职业能力的培养目标。

本课程的设计“以能力为本位、以职业实践为主线、以任务为主体”，整个《网页设计与制作》课程共分为三大模块，它们分别是： Dreamweaver、Fireworks、Flash。教学时各模块既有独立性，又有关联性。独立性是指各模块设计案例、组织教学、突出重点时应该相互独立，学生应该掌握每个模块的知识点；关联性是指各模块间存在相互关系。

（2）课程目的

本课程的目的是学生能够设计制作出一个比较好的静态网站，具备网站维护能力。即通过学习，学生应能够利用 Dreamweaver 进行网页制作；能够使用 Fireworks 进行网页图片设计、能够使用 Flash 制作网页动画等。既能够综合利用这三个软件设计并具维护静态网站的能力；培养学生利用所学的综合知识（如 Photoshop、计算机网络技术、配色技术、html 语言），进行网页美化、提高网页质量。以进一步培养学生树立独立思考、吃苦耐劳、勤奋工作的意识以及诚实、守信的优秀品质，为今后从事网页设计和维护工作奠定良好的基础。

（3）课程内容

根据专业课程目标和涵盖的工作任务要求，确定课程内容和要求，说明学生应获得的知识、技能与态度。典型工作任务指经过筛选后需要纳入课程内容的工作任务。注意典型工作任务要与企业专家分析的工作任务相对接。技能内容与知识内容的分析要准确，并充分体现中职特色。

（4）活动设计

每一个项目的学习都以网页制作为载体，以培养学生职业能力为中心，整合所需相关知识和技能，实现实践性、可读性、趣味性的结合，给学生提供更多的动手机会，提高网页制作操作技能。

本课程总课时为 72 学时。

11.2 课程目标

11.2.1 知识目标

（1）了解 HTML 代码中各种标记符的作用和应用，以及格式要求；

（2）了解图像的几种格式：GIF、JPEG、PNG 格式，它们各自的特点和差别；

（3）掌握 Dreamweaver 操作界面的基本组成、界面组件的操作方法；

（4）熟练掌握网页元素的各种定位技术，深入理解它们的作用；

（5）了解轮换图片与影像地图的作用，掌握它们的设计方法；

（6）掌握网页中动态按钮和时间轴动画的创建，以及各种动画元素的插入方法

（7）了解 CSS 样式表的作用和意义，熟练掌握其设计方法；

（8）了解 DIV 标签的作用，熟练掌握其使用方法；

（9）了解表单的作用，掌握其使用方法；

（10）熟练掌握各种链接的作用以及相关操作；

（11）了解模板和库在网页更新维护中的作用，掌握它们对网站进行管理和更新的方法；

（12）了解站点的定义、作用，掌握创建定义站点结构的方法；

11.2.2 技能目标

（1）会用 HTML 语言中的标记制作一个简单的网页；

（2）会用 HTML 语言中的标记设置颜色、文本格式和列表；

（3）熟练利用各种方法在网页中插入文本和图片、设置文本和图片之间的格式；

（4）会利用 Dreamweaver 制作轮换图象和影像地图；

（5）能熟练地在网页中设置各种超链接；

（6）熟练利用网页元素定位工具设计网页格局；
（7）熟练利用 DIV+CSS 设置页面外观；
（8）会在网页中插入多媒体对象，如：flash、flash 按钮；
（9）会在网页中插入表单，利用表单让用户之间能更好的交流；
（10）会使用 JavaScript 脚本程序实现某些网页特效；
（11）熟练利用模板和库对网页进行更新和维护；
（12）熟练利用站点对网站进行上传；

11.2.3 情感目标

（1）提高审美能力，好的网页首先外观要求大方美观，较高的审美能力能帮助自己作出好的网页出来。

（2）合理的利用技术，在不影响美观或者是尽量不影响的条件下，找到一个接合点做出美观而又实用的网页。

（3）时时关注软件的新发展，学会应用新的功能，以提高工作效率

（4）具有一定的文化素质，让自己的网页增添几分艺术特色，使自己网页设计达到一定的水准。

（5）作一个生活的有心人，使自己的作品富有生机 6.提高学生的合作精神、协调工作能力和组织管理能力

11.3 课程内容

序号	工作任务	能力目标	知识目标	教学方法	项目成果	课时
1	网页制作技术	掌握制作网页的基本常识 掌握站点的创建与管理 掌握 Dreamweaver 的基本操作 掌握制作文字与图像混排的页面 掌握网页布局设计 掌握多媒体页面的制作 掌握网页中超级连接的创建 了解制作框架网页、模板和库的应用 掌握使用时间轴创建动态网页 掌握使用行为创建交互式网页 掌握表单的使用	① Dreamweaver 基础知识 ② 制作图文混排的页面 ③ 表格与布局表格 ④ 制作多媒体页面 ⑤ CSS 样式 ⑥ 模板和库 ⑦ 利用框架制作网页 ⑧ 制作动态效果页面 ⑨ 表单	多媒体教学、多媒体课件辅助学生上机实践	做出一个静态网页	48
2	网页图片设计	掌握 Fireworks 绘制与编辑图形方法 掌握文本的创建与编辑 掌握位图图像的导入与编辑 掌握图层和蒙版的应用 掌握画布和图像尺寸的调整、热点、切片、导航条与动画的创建、行为的使用	① Fireworks 入门 ② 使用 Fireworks 制作图片 ③ Web 图像制作技术 ④ 图像优化与导出	多媒体教学；学生上机实践	做出网站标志、网站菜单、热键等	12

续表

序号	工作任务	能力目标	知识目标	教学方法	项目成果	课时
3	网页动画设计	掌握矢量对象的绘制和编辑方法 掌握文本的创建与编辑 掌握外部图形、图像的导入与编辑 掌握运动渐变动画、形状渐变动画和逐帧动画的创建 掌握层和元件的使用 掌握交互式电影的制作，以及电影的测试、发布和导出等	① 初始 Flash ② 绘制与编辑矢量图形 ③ 编辑颜色和文本 ④ 使用外部资源 ⑤ 编辑对象 ⑥ 元件、实例和库 ⑦ 时间轴、时间轴特效 ⑧ 制作动画 ⑨ 简单的交互动画 ⑩ 优化、发布和导出电影	多媒体教学、多媒体课件辅助学生上机实践	网页上插入自己做出的个性化 Flash 动画、按钮、标题和导航栏等	12
总课时		72				

11.4 教学组织与评价

11.4.1 教材编写

必须依据本课程标准编写教材。充分体现任务引领、实践导向课程设计思想。教材内容呈现方式。教材要体现先进性、通用性、实用性。反映新技术、新工艺，典型产品或服务的选择要科学，体现地区产业特点。文字表述要求。活动设计要具体、可操作。

11.4.2 教学方法

（1）在教学过程中，采用项目驱动式教学方法，选取企业真实项目（或学生创新项目）为载体构建学习情境，培养学生的职业素质和技能。

（2）用生动的案例导入项目蕴含的核心技能，激发学生的学习兴趣，造就学生的成就动机。

（3）在教学过程中，采用讲练合一的教学方法，教师示范和学生操作训练互动，学生提问与教师解答、指导有机结合，让学生在“教”与“学”过程中，掌握平面动画制作的知识和技能。

（4）在教学过程中，可通过比喻教学法帮助学生理解一些抽象的概念。

（5）在教学过程中，可采用启发式教学法来培养学生的分析问题和解决问题的能力。

（6）在教学过程中，可以采用分组式教学法，锻炼学生的协作能力，培养学生的团队意识。

11.4.3 教学条件

（1）教师素质要求

① 具有“双师”素质，业务能力强

② 具有较强的基于计算机网页制作的教学设计能力

（2）教学场地及设施要求

① 教学条件：采取多媒体机房教学，一人一台电脑

② 实践教学环境：

硬件环境：Microsoft Windows 10 或更高版本；I7 或更高处理器；Microsoft Windows 支持的 VGA 或分辨率更高的显示器；至少 4G RAM；

软件环境：安装 Dreamweaver、Firework 或 Photoshop、Flash 软件

11.4.4 课程资源

课程资源开发与利用：包括相关教辅材料、实训指导手册、信息技术应用、工学结合、网络资源、仿真软件等。

本课程的教学资源非常丰富，除了在课堂上学到的知识外，主要有以下资源：

（1）可以通过网上的丰富的资源进行自学

（2）可以通过教学课件自学

11.4.5 教学评价

采取学习过程和学习目标评价相结合的方法。过程考核主要在教学过程中对学生的学习态度、操作能力、课堂讨论、作业等情况进行的评价；目标考核是在课程结束时，对学生在知识和技能的整体掌握情况的评价。

学生成绩＝过程理论评价（20%）+过程实训评价（40%）+目标评价（40%）。

考核比例及要求：

（1）过程理论评价占 20%。主要包括对课堂提问、讨论、作业等情况进行评价计分。

（2）过程实训评价占 40%。分实训项目视完成情况记成绩。

（3）目标评价占 40%。结合从业资格考试内容进行笔试。

11.5 其　　他

本课程教学标准适用于计算机网络专业。